Stefan Hirth

Liquide Mittel und Investitionsentscheidungen

Beiträge zur betriebswirtschaftlichen Forschung

Band 118

Die „braune Reihe", wie die „Beiträge zur betriebswirtschaftlichen Forschung" häufig kurz genannt werden, ist eine der bekanntesten und angesehensten Buchreihen ihres Fachs. Seit 1954 erscheinen hier besonders qualifizierte, oft richtungsweisende Forschungsarbeiten (vor allem Dissertationen und Habilitationsschriften) der jeweils „neuen Generation" der Betriebswirtschaftslehre.

Stefan Hirth

Liquide Mittel und Investitionsentscheidungen

Ein optionstheoretischer Ansatz

Mit einem Geleitwort von
Prof. Dr. Marliese Uhrig-Homburg

GABLER EDITION WISSENSCHAFT

Bibliografische Information Der Deutschen Nationalbibliothek
Die Deutsche Nationalbibliothek verzeichnet diese Publikation in der Deutschen Nationalbibliografie; detaillierte bibliografische Daten sind im Internet über <http://dnb.d-nb.de> abrufbar.

Dissertation Universität Karlsruhe (TH), 2007

Forschungs-Webseite des Autors: http://hirth.dk

1. Auflage 2008

Lektorat: Frauke Schindler / Sabine Schöller

Der Gabler Verlag ist ein Unternehmen von Springer Science+Business Media.
www.gabler.de

Umschlaggestaltung: Regine Zimmer, Dipl.-Designerin, Frankfurt/Main
Gedruckt auf säurefreiem und chlorfrei gebleichtem Papier
Printed in Germany

ISBN 978-3-8349-1067-7

Geleitwort

Das Separationstheorem, nach dem Investitions- und Finanzierungsentscheidungen trennbar sind, ist Kernbestandteil der neoklassischen Finanzierungstheorie. Ausgehend von dem dahinter liegenden Idealbild eines vollkommenen Kapitalmarktes konzentrieren sich viele Arbeiten entweder ausschließlich auf Investitions- oder auf Finanzierungsentscheidungen von Unternehmen. Dabei kommen zunehmend komplexe optionspreistheoretische Ansätze zur Anwendung, wenn es etwa darum geht, Flexibilität im Rahmen von Investitionsentscheidungen optimal zu nutzen oder eine Bewertung der zur Finanzierung herangezogenen Fremdkapitaltitel vorzunehmen. Reale Kapitalmärkte erweisen sich allerdings als nicht ganz so vollkommen, wie die neoklassische Theorie unterstellt. Damit verliert das bequeme Separationstheorem seine Gültigkeit, und es gilt Abhängigkeiten zwischen Investitions- und Finanzierungsentscheidungen zu berücksichtigen. An diesem Punkt setzt die vorliegende Dissertationsschrift von Herrn Hirth an. Im Mittelpunkt seiner Arbeit steht das dynamische Investment-Timing-Problem, d.h. die Frage, wann eine Investition idealerweise getätigt werden soll, wenn sie nicht nur heute, sondern auch zukünftig durchgeführt werden kann. Sein Ziel ist es herauszuarbeiten, welche Implikationen die von einem Unternehmen getroffenen Finanzierungsentscheidungen sowie der Bestand an liquiden Mitteln auf das dynamische Investment-Timing-Problem des Unternehmens haben können. Der Autor berücksichtigt hierbei Interdependenzen zwischen Investitions- und Finanzierungsentscheidungen als Folge von Friktionen in Form von

1. Finanzierungsbeschränkungen in Realoptionsansätzen

und

2. Informations- und Anreizproblemen.

In diesem Rahmen diskutiert er die folgenden Fragen:

- Was lässt sich über den Verlauf von Finanzierungskosten in Abhängigkeit vom Mittelbedarf aussagen, wenn davon auszugehen ist, dass externe Kapitalgeber das zu finanzierende Investitionsprojekt unterbewerten? Wie unterscheiden sich dabei Finanzierungskosten für die Emission von neuem Eigenkapital von den Emissionskosten für Fremdkapital?
- Welche Implikationen hat die Berücksichtigung von Finanzierungskosten für die Investment-Timing-Entscheidung, und wie unterscheiden sich die Investitionsentscheidungen bei Finanzierungskosten von denen eines lediglich in der Menge an externem Kapital beschränkten Unternehmens?
- Inwieweit eignen sich liquide Mittel, um Interessenskonflikte zwischen Eigen- und Fremdkapitalgebern über den optimalen Investitionszeitpunkt zu mindern?

Im Rahmen eines optionstheoretischen Modellrahmens leitet der Autor klare Strukturaussagen ab und trägt damit wesentlich zum Verständnis des Investment-Timing-Problems bei Friktionen bei. Sein Realoptionsansatz mit Finanzierungsbeschränkungen zeigt, dass ein lediglich in der Menge an externem Kapital beschränktes Unternehmen bei abnehmendem Bestand an liquiden Mitteln bereit ist, bei immer geringeren Projektwerten zu investieren, bis schließlich die exogene Mengenbeschränkung bindend wird. Hingegen führen konvexe Finanzierungskosten, wie sie der Autor für die Emission von Fremdkapital abgeleitet hat, zu einem U-förmigen Verlauf der Investitionsschwelle.

Darüber hinaus entwickelt der Autor einen weitgehend analytisch handhabbaren Modellrahmen, der die klassischen Agency-Probleme Unterinvestition (Myers 1977) und Überinvestition (Jensen/Meckling 1976) in einem dynamischen Modellrahmen vereint. Darin erweist sich der Bestand an liquiden Mitteln als zentrale Größe zur Charakterisierung der Investitionssituation. Der Modellrahmen liefert geschlossene Lösungen, vor allem aber klare Aussagen über den Einfluss von Liquidität und Leverage auf die Investitionspolitik. Dieser höchst beachtenswerten Arbeit ist eine breite Aufnahme in der Fachwelt zu wünschen.

Prof. Dr. Marliese Uhrig-Homburg

Vorwort

Die vorliegende Arbeit entstand während meiner Zeit als wissenschaftlicher Mitarbeiter am Lehrstuhl für Financial Engineering und Derivate der Universität Karlsruhe (TH) und wurde von der Fakultät für Wirtschaftswissenschaften der Universität Karlsruhe (TH) als Dissertation angenommen. Im Folgenden möchte ich all jenen danken, die mich auf dem Weg dorthin begleitet haben.

Mein besonderer Dank gilt Frau Prof. Dr. Marliese Uhrig-Homburg. Sie hat meine Arbeit durch Anleitung und wertvolle Diskussionen stets konstruktiv begleitet. Weiter sorgte sie für ein forschungsorientiertes und gleichzeitig persönlich angenehmes Arbeitsumfeld.

Für die Übernahme des Korreferats danke ich Herrn Prof. Dr. Clemens Puppe. Weiter danke ich den Herren Prof. Dr. Martin E. Ruckes und Prof. Dr. Andreas Geyer-Schulz für ihren Einsatz als Prüfer bzw. Vorsitzender in meiner mündlichen Doktorprüfung. Allen dreien verdanke ich wertvolle inhaltliche Anregungen, und sie haben großes Entgegenkommen bei der Terminfindung für die mündliche Doktorprüfung gezeigt.

Weiter danke ich meinen Korrekturlesern Frau Dr. Christiane Barz, den Herren Dr. Dominik Möst, Joachim Moser, Christian Schmaltz und Dr. Michael Wagner, sowie meinem Vater, Herrn Reinhard Hirth. Sie haben meine Arbeit zum Besseren mitentwickelt.

Meinen ehemaligen Kollegen am Lehrstuhl für Financial Engineering und Derivate, nicht zuletzt der Sekretärin Frau Gudrun Hirche sowie den studentischen Hilfskräften, danke ich für die gute Zusammenarbeit und auch persönlich angenehme Erfahrungen, im Alltag ebenso wie bei Geburtstagsfeiern, Grillfesten, sowie kleinen und großen Lehrstuhlausfahrten. Für regelmäßige gemeinsame Mittagessen jenseits der Lehrstuhlgrenzen und gegenseitige Unterstützung in allen Facetten des Doktorandenalltags danke ich speziell Frau Dr. Christiane Barz, sowie den Herren Dr. Christian Hoppe, Andreas Mitschele und Joachim Moser.

Zwei langjährigen Begleitern meines akademischen Weges bin ich zu besonderem Dank verpflichtet: Frau Prof. Dr. Nicole Branger stand mir schon während des Hauptstudiums beratend zur Seite, bei der Entscheidung zur Promotion, während dieser Zeit und auch darüber hinaus. Mit Herrn Christian Schmaltz bin ich seit dem ersten Semester gleichermaßen im Studium und freundschaftlich verbunden, und er war es auch, der mich auf die Idee brachte, Finanzwirtschaft als Vertiefung im Hauptstudium zu wählen.

Schließlich gebührt ein ganz besonderer Dank meinen Eltern, Frau Irene und Herrn Reinhard Hirth. Sie haben mich stets unterstützt, in allen Höhen und Tiefen meines bisherigen Weges.

Stefan Hirth

Inhaltsverzeichnis

Abbildungsverzeichnis

Tabellenverzeichnis

Kapitel 1

Einleitung

> *"Corporate finance is primarily the study of financing frictions. After all, Modigliani and Miller (1958) showed that a CFO can neither create nor destroy value through his financing decisions in a world without such frictions."*[1]

In einer vollkommenen Welt haben die Finanzierungsentscheidungen eines Unternehmens gemäß der grundlegenden Arbeit von Modigliani und Miller (1958) keine Auswirkung auf den Unternehmenswert. Dieser ergibt sich allein aus den Aktiva des Unternehmens, also beispielsweise seinen Grundstücken und Maschinen, seinen Finanzanlagen, aber auch dem Wert seiner zukünftigen Projekte.

Eine vollkommene Welt ist dabei im Rahmen der vorliegenden Arbeit durch die Abwesenheit von Friktionen, also Unvollkommenheiten, definiert. Insbesondere gibt es in einer vollkommenen Welt keine Informationsasymmetrie zwischen dem Unternehmen und externen Kapitalgebern, und es ist möglich, jede Art von bindenden Verträgen abzuschließen.

In solch einer vollkommenen Welt sind die Investitionsentscheidungen eines Unternehmens unabhängig von der Struktur der Passivseite, also dem Verhält-

[1] Zitat entnommen aus Hennessy und Whited (2007, S. 1705).

nis und der Ausgestaltung der Ansprüche von Eigenkapital- und Fremdkapitalgebern. Weiter ist es unerheblich, ob der Finanzierungsbedarf für eine Investition aus den Beständen des Unternehmens an liquiden Mitteln, also an Kassenbeständen und anderen leicht liquidierbaren Vermögensgegenständen, aufgebracht wird, oder ob dazu externe Kapitalgeber herangezogen werden. Genauer könnte sogar argumentiert werden, dass in einer vollkommenen Welt alle Vermögensgegenstände leicht liquidierbar bzw. zu fairen Konditionen beleihbar sind.

Aufgrund der in der realen Welt vorhandenen Friktionen kann jedoch die Struktur der Passivseite sehr wohl zur Wertsteigerung oder -minderung beitragen. Gleichfalls belegt folgendes Zitat, dass auch die Bestände eines Unternehmens an liquiden Mitteln offenbar eine große Bedeutung haben:

> "*On February 8, 1996 Chrysler Corporation's Chairman Robert J. Eaton and investor Kirk Kerkorian agreed to a 5-year standstill agreement, in which Kerkorian would cease attempts to take over Chrysler. An important element of the agreement was a commitment from Chrysler that liquid assets, defined as cash and marketable securities, in excess of a $7.5 billion target be returned to shareholders in the form of share repurchases or dividends.*
>
> *The Chrysler/Kerkorian story raises questions that have gone largely unexamined in the finance literature. Is there an optimal level of liquid asset holdings on a corporate balance sheet? And, if so, is the relatively large amount of liquid assets held by firms like Chrysler justified?*"[2]

Im Mittelpunkt der vorliegenden Arbeit steht die Frage, wie aufgrund von Friktionen die Investitionsentscheidungen eines Unternehmens durch seine Fi-

[2]Zitat entnommen aus Opler *et al.* (1999, S. 4).

nanzierungsentscheidungen und seine Bestände an liquiden Mitteln beeinflusst werden.

Dabei wird ein einfaches Modellunternehmen betrachtet, welches über ein einmal ausübbares, jedoch ansonsten beliebig lange aufschiebbares Investitionsrecht verfügt und entscheiden muss, zu welchem Zeitpunkt es dieses nutzt. Dieses Entscheidungsproblem wird im folgenden auch als *Investment-Timing* bezeichnet. Im Gegensatz dazu und als Referenzfall wird der Begriff der *Now-or-Never*-Investition eingeführt. Damit sei eine einmalige Investitionsmöglichkeit bezeichnet, die nur sofort genutzt werden kann oder verloren geht. Letztere ist zwar einfacher zu modellieren, jedoch vernachlässigt diese Vereinfachung einen relevanten Teil des Entscheidungsproblems, sofern die abzubildende reale Investitionsmöglichkeit einen Aufschub zulässt.[3] Wie im folgenden demonstriert werden wird, kann nämlich nicht nur das Recht zu investieren, sondern auch das Recht, eine Investition aufzuschieben, einen bedeutenden Wert besitzen.

Stets wird angenommen, dass der Unternehmensgründer gleichzeitig der Manager des Unternehmens ist. Zunächst ist er auch der alleinige Eigentümer. Davon ausgehend wird, gegeben dass er durch eine Finanzierungsentscheidung weitere Kapitalgeber ins Unternehmen aufnimmt, in den folgenden beiden Szenarien die Auswirkung jeweils einer bestimmten Friktion sowie die daraus resultierende Bedeutung der liquiden Mittel untersucht:

Erstens wird die Friktion der Informationsasymmetrie zwischen dem Unternehmen und externen Kapitalgebern betrachtet. Diese führt dazu, dass das Unternehmen für die Mittelbeschaffung von externen Kapitalgebern erhöhte Kosten hat. Folglich wird es deshalb im Investitionszeitpunkt vorzugsweise auf die Bestände an liquiden Mitteln im Unternehmen zurückgreifen, anstatt eine Finanzierungsentscheidung zugunsten einer Emission von neuem Eigenkapital oder riskantem Fremdkapital zu treffen. Daher hat es im Gegensatz zur voll-

[3] Oftmals wird in der Realität eine Mischform der beiden Extreme zu finden sein, die einen Aufschub über eine begrenzte Zeit zulässt.

kommenen Welt nun einen Vorteil, solche Bestände zu halten. Dies gilt jedoch nur, sofern der Eigentümer des Unternehmens finanzierungsbeschränkt ist, also der besser informierte Akteur nicht selbst die Mittel zur Verfügung stellen kann und deshalb auf externe Kapitalgeber angewiesen ist.

Die Implikationen von Finanzierungsbeschränkungen und Finanzierungskosten aufgrund von Informationsasymmetrie für das *Investment-Timing* wurden erst in jüngster Zeit analysiert. Hierbei sind speziell die Arbeiten von Boyle und Guthrie (2003) und Lyandres (2007) zu nennen. Beide können jedoch im Gegensatz zu der vorliegenden Arbeit nicht gleichermaßen sowohl Verzögerung als auch Beschleunigung von Investitionen relativ zu der vollkommenen Welt als Ergebnis einer endogenen Entscheidung ableiten.

Zweitens wird untersucht, welche Bedeutung liquide Mittel sogar für ein nicht finanzierungsbeschränktes Unternehmen haben können. Sobald nämlich der Unternehmensgründer eine Finanzierungsentscheidung zur Aufnahme von Fremdkapital getroffen und nicht gleichzeitig auch sein Investitionsrecht ausgeübt hat, besteht anschließend ein Interessenkonflikt zwischen Eigenkapital- und Fremdkapitalgebern über den optimalen Investitionszeitpunkt. Genauer besteht die betrachtete Friktion darin, dass es nicht möglich ist, einen bindenden Vertrag zwischen Eigenkapital- und Fremdkapitalgebern über die Investitionsstrategie abzuschließen, wodurch der Interessenkonflikt entsteht. Davon ausgehend wird in der vorliegenden Arbeit untersucht, wie die liquiden Mittel des Unternehmens einen Beitrag zur Linderung oder gar Lösung dieses Interessenkonflikts leisten können.

Der Fall von Interessenkonflikten zwischen Eigenkapital- und Fremdkapitalgebern bei zu geringem Bestand an liquiden Mitteln im Unternehmen wurde bereits von Myers (1977) als *Underinvestment*-Problem eingeführt. Dies bedeutet im Kontext des *Investment-Timing*, dass eine Verzögerung von Investitionen stattfindet. Grund ist, dass der von den Eigenkapitalgebern einzubringende Betrag teilweise auch den Fremdkapitalgebern zugute kommt, weswegen erstere zurückhaltender investieren, als wenn sie alleinige Eigentümer des Unternehmens wären. Das gegensätzliche *Overinvestment*-Problem wird in der Literatur unterschiedlich motiviert. In der vorliegenden Arbeit wird vor allem die Idee des *Risk-Shifting* nach Jensen und Meckling (1976) aufgegriffen: Wenn bereits ausreichend liquide Mittel im Unternehmen vorhanden sind, so müssen die Eigenkapitalgeber einerseits keinen eigenen Beitrag zur Investition liefern, andererseits können sie durch Investition das Risiko der bestehenden Aktiva erhöhen. Dieser Vorgang wird auch als *Asset-Substitution* bezeichnet, welche im Modellrahmen der vorliegenden Arbeit stets gemeinsam mit dem *Risk-Shifting* auftritt und daher synonym verwendet wird. Dies hat wegen der beschränkten Haftung des Eigenkapitals einen Vermögenstransfer von den Fremdkapitalgebern hin zu den Eigenkapitalgebern zur Folge. Deshalb lässt sich in diesem Fall beobachten, dass Projekte früher durchgeführt werden, als ein vergleichbares unbeschränktes Unternehmen dies täte. Es gibt aktuelle Modellierungen, beispielsweise die von Childs, Mauer und Ott (2005) oder Lyandres und Zhdanov (2005), die ähnlich der vorliegenden Arbeit *Under-* und *Overinvestment* in einem gemeinsamen Rahmen berücksichtigen. Jedoch stellt nach dem Kenntnisstand des Autors der vorliegenden Arbeit keine dieser Modellierungen hierzu die liquiden Mittel als Entscheidungsgröße in den Mittelpunkt.

Insgesamt besteht der Beitrag der vorliegenden Arbeit also darin, dass erstmals die beiden Friktionen der Informationsasymmetrie und der Interessenkonflikte einander gegenübergestellt werden, um die Bedeutung der liquiden Mittel für das *Investment-Timing* zu erklären. Speziell ist hierbei zu betonen, dass in beiden Fällen sowohl Verzögerung als auch Beschleunigung von Investitionen relativ zu der vollkommenen Welt als Resultat von endogenen Entscheidungen möglich sind. Dabei ist der Bestand an liquiden Mitteln im Unternehmen die entscheidende Größe, die bestimmt, welcher Effekt tatsächlich eintritt. Somit wird anhand der Implikationen für das *Investment-Timing* erklärt werden, warum ein Unternehmen einen bestimmten Bestand an liquiden Mitteln halten sollte.

Neben den in der vorliegenden Arbeit betrachteten beiden Friktionen der Informationsasymmetrie und der Interessenkonflikte zwischen Eigenkapital- und Fremdkapitalgebern wurden außerdem in der Literatur unterschiedliche weitere Friktionen als Erklärungsansätze für einen bestimmten Bestand an liquiden Mitteln herausgearbeitet, die sich letztlich alle auf eine grundlegende Arbeit von Keynes (1936) zurückführen lassen:[4] Zunächst sind hier Transaktionskosten zu nennen, die eine Verallgemeinerung der in der vorliegenden Arbeit berücksichtigten direkten Kosten der Außenfinanzierung in Folge von Informationsasymmetrie darstellen. Weiter können neben den hier untersuchten Interessenkonflikten zwischen Eigenkapital- und Fremdkapitalgebern auch solche zwischen Managern und Eigenkapitalgebern einen bestimmten Bestand an liquiden Mitteln erklären, sofern nicht, wie hier unterstellt, der Eigenkapitalgeber gleichzeitig die Rolle des Managers innehat. Zuletzt können steuerliche Gründe einen Einfluss haben, wenn Zinserträge aus den liquiden Mitteln auf Unternehmens- und Anteilseignerebene unterschiedlich besteuert werden.

Die beiden betrachteten Friktionen werden in der vorliegenden Arbeit jeweils einzeln untersucht. In beiden Fällen ist das restliche Unternehmen vergleichsweise einfach modelliert. Alternative Ansätze betrachten mehrere Aspekte der Interaktion von Investitions- und Finanzierungsentscheidungen in einem gemeinsamen Rahmen. Als Beispiele seien die Arbeit von Mauer und Triantis (1994) genannt, in der Investitions-, Betriebs- und Finanzierungsentscheidungen bei Anpassungskosten untersucht werden, sowie die aktuellen Arbeiten von Childs, Mauer und Ott (2005), Titman, Tompaidis und Tsyplakov (2004) und Titman und Tsyplakov (2007), in denen Interessenkonflikte zwischen Eigenkapital- und Fremdkapitalgebern analysiert werden, jedoch außerdem noch Finanzierungsbeschränkungen bestehen, oder die Kapitalstruktur in

[4]Vgl. z.B. die aktuellen Arbeiten von Opler *et al.* (1999) und Reimund (2003).

realistischer Weise über die Zeit variiert werden kann. Einerseits ist die Verknüpfung einer auf Fischer, Heinkel und Zechner (1989) zurückgehenden dynamischen Kapitalstrukturmodellierung mit Entscheidungsmöglichkeiten auf der Aktivseite ein hoch spannendes Thema. Andererseits ist das Problem solcher Ansätze jedoch stets, dass sie eine Komplexität erreichen, bei der kaum noch eindeutige Aussagen getroffen werden können, und dass sich die einzelnen Effekte gegenseitig beeinflussen. Dagegen können im hier vorliegenden Ansatz die zentralen Effekte der betrachteten Friktionen isoliert und herausgearbeitet werden.

Die vorliegende Arbeit baut methodisch auf die zeitstetige Optionspreistheorie auf. Damit steht sie in der Tradition einer Vielzahl anderer Arbeiten, die sich mit Fragestellungen aus der Unternehmensfinanzierung beschäftigen. Über die heute als Meilenstein in der zeitstetigen Optionspreistheorie angesehene Arbeit von Black und Scholes (1973) schreibt Merton (1974, S. 449):

> "*While options are highly specialized and relatively unimportant financial instruments, [...] the same basic approach could be applied in developing a pricing theory for corporate liabilities in general.*"

Wenn auch heute niemand mehr den Finanzoptionen ihre Bedeutung absprechen würde, so wird doch deutlich, dass die ihrer Bewertung zugrunde liegenden Modelle in ihrer Entstehungszeit vor allem als Fortschritt für den Bereich der Unternehmensfinanzierung angesehen wurden.

Der die Übertragung ermöglichende Grundgedanke ist, dass Ansprüche unterschiedlicher Parteien im Unternehmen als Derivate des Unternehmenswerts, d.h. von ihm abgeleitete Größen, angesehen und so bewertet werden können. Solche Ansprüche besitzen z.B. die Eigenkapital- und Fremdkapitalgeber, genauso lässt sich aber auch eine Investitionsmöglichkeit als Anspruch auf zukünftige Zahlungen auffassen. Eine Option als spezielles Derivat beinhaltet jeweils Wahlmöglichkeiten der Partei, welche die Option hält. In der vorliegenden Arbeit sind das die Eigenkapitalgeber, welche die Entscheidungen über Investition und Ausfall treffen.

Genauer wird der Modellrahmen von Merton (1974) zur Bewertung ausfallrisikobehafteter Nullkuponanleihen im folgenden herangezogen, um Finanzierungskosten bei Fremdkapitalemission und letztlich eine mit Myers und Majluf (1984) konsistente *Pecking-Order* der Finanzierungsalternativen abzuleiten. Außerdem wird aufbauend auf den Arbeiten von Black und Cox (1976) und Leland (1994), die sich ihrerseits wieder als Erweiterung von Merton (1974) ansehen lassen, ein ausfallrisikobehafteter Fremdkapitaltitel mit kontinuierlichem Kuponstrom und ewiger Laufzeit modelliert.[5] Das Ausfallereignis resultiert hier aus einer modellendogenen Entscheidung der Eigenkapitalgeber. Diese haben zu jedem Zeitpunkt ein Wahlrecht, die Kuponzahlung weiterhin zu leisten oder einzustellen. In einem solchen Fall, wenn ein Optionsrecht während der gesamten Laufzeit ausgeübt werden kann, spricht man in der Optionspreistheorie von einer Option amerikanischen Typs. Dagegen entspricht im Kontext einer ausfallrisikobehafteten Nullkuponanleihe im Rahmen von Merton (1974) der Anspruch der Eigenkapitalgeber einer Option europäischen Typs: Deren Ausfallentscheidung steht lediglich einmalig an, nämlich zum Ende der Laufzeit, da keine zwischenzeitlichen Zahlungen geleistet werden müssen.

Nicht nur die Passivseite des Unternehmens wurde in jüngerer Zeit mit Hilfe der Optionspreistheorie modelliert. Auf der Aktivseite ist hier insbesondere das Konzept der Realoption zu nennen, also der Interpretation einer realwirtschaftlichen Investitionsmöglichkeit als Option. Eine der wegweisenden Arbeiten in diesem Bereich ist die von McDonald und Siegel (1986), die unter anderem von Dixit und Pindyck (1994) aufgearbeitet wurde. Deren Modellrahmen wird in der vorliegenden Arbeit als Grundlage zur Abbildung des *Investment-Timing*-Problems verwendet. Auch die Entscheidung auf der Aktivseite wird dabei als

[5] Eine ausführliche Diskussion der unterschiedlichen Ansätze zur Modellierung von ausfallbehafteten Titeln findet sich in Uhrig-Homburg (2001) und Uhrig-Homburg (2002).

Option amerikanischen Typs mit ewiger Laufzeit modelliert.

Ein solches beliebig lange aufschiebbares Investitionsrecht wird es in der Realität üblicherweise nicht geben. Die Möglichkeit, das Recht zu nutzen, könnte beispielsweise durch den Markteintritt eines Wettbewerbers verloren gehen.[6] Solange aber hinreichend lange eine Ausübungsmöglichkeit besteht, z.B. weil in naher Zukunft keine Konkurrenz zu erwarten ist, so ist es zulässig, erstere durch ein immerwährendes Recht zu approximieren.

Aus technischer Sicht hat die ewige Laufzeit der modellierten Optionen den Vorteil, dass die resultierenden Bewertungsgleichungen keine explizite Zeitabhängigkeit aufweisen. Somit können Investitions- und Ausfallentscheidungen allein anhand des Standes der stochastischen Zustandsvariablen und unabhängig von der Kalenderzeit getroffen werden.

Als eine stochastische Zustandsvariable wird in der vorliegenden Arbeit stets der für das Unternehmen durch Investition resultierende Projektwert verwendet. Im Kontext des *Investment-Timing*-Problems wird dann ein Unternehmen, welches *ceteris paribus* zur sofortigen Investition einen niedrigeren Projektwert fordert, als ein früher investierendes Unternehmen interpretiert.

Als zweite stochastische Zustandsvariable werden bei Bedarf die liquiden Mittel des Unternehmens eingeführt. Alternativ werden als Zustandsvariablen beispielsweise in der Investitionsliteratur auch der aktuelle Verkaufspreis der produzierten Güter, sowie in der Finanzierungsliteratur der Gewinn vor Zins- und Steuerzahlungen (*Earnings before Interest and Taxes*, EBIT) herangezogen.[7]

Die vorliegende Arbeit ist wie folgt aufgebaut: Zunächst wird in Kapitel 2 als Referenzfall das *Investment-Timing*-Problem in einer vollkommenen Welt vorgestellt. Anschließend werden in Kapitel 3 für die erste betrachtete Friktion, nämlich die der Informationsasymmetrie, Finanzierungskosten bei Emission

[6] Vgl. hierzu Smit und Trigeorgis (2004).

[7] Mauer und Ott (2000) und Goldstein, Ju und Leland (2001) sind Beispiele für den ersten bzw. zweiten Fall.

von neuem Eigenkapital und riskantem Fremdkapital abgeleitet. In Kapitel 4 wird das *Investment-Timing*-Problem bei Finanzierungsbeschränkungen aufgrund von Informationsasymmetrie betrachtet, wobei die in Kapitel 3 abgeleiteten Finanzierungskosten aufgegriffen werden. In Kapitel 5 folgt die Analyse des *Investment-Timing*-Problems bei Vorliegen der zweiten betrachteten Friktion, nämlich von Interessenkonflikten zwischen Eigenkapital- und Fremdkapitalgebern. Abschließend folgen eine Schlussbetrachtung und ein Ausblick.

Kapitel 2

Investment-Timing in einer vollkommenen Welt

In diesem Kapitel soll die Investitionsentscheidung eines Unternehmens in einer vollkommenen Welt analysiert werden. Genauer wird das *Investment-Timing* untersucht, also die Wahl des optimalen Investitionszeitpunkts. Damit werden die Grundlage und ein Referenzfall für die folgenden Kapitel geschaffen, in denen das *Investment-Timing* bei Friktionen, also Unvollkommenheiten, betrachtet wird. Speziell und im Gegensatz zu den folgenden Kapiteln wird erstens angenommen, dass die Eigentümer des Unternehmens nicht finanzierungsbeschränkt sind, d.h. sie können den nötigen Investitionsbetrag stets in voller Höhe aufbringen, und dass es zweitens keine Interessenkonflikte zwischen verschiedenen Parteien im Unternehmen gibt. Letzteres ist am einfachsten dann gegeben, wenn ein rein eigenfinanziertes Unternehmen betrachtet wird, das lediglich einen Eigentümer hat, der gleichzeitig auch die Investitionsentscheidung trifft. Dann müssen weder Interessenkonflikte zwischen Managern und Eigenkapitalgebern noch zwischen Eigenkapital- und Fremdkapitalgebern berücksichtigt werden. Das hier vorgestellte Modell geht auf McDonald und Siegel (1986) und Dixit und Pindyck (1994) zurück.

Anschließend wird diskutiert, welchen Wertverlust eine Abweichung von der optimalen Investitionsschwelle zur Folge hat. Dadurch wird die ökonomische Bedeutung des *Investment-Timing* im allgemeinen, sowie insbesondere der in den folgenden Kapiteln durch Friktionen bewirkten Abweichung von der Investitionsentscheidung in einer vollkommenen Welt belegt.

2.1 Modellrahmen

Gegeben sei ein rein eigenfinanziertes Unternehmen. Dieses besitzt das Recht, in ein bestimmtes Projekt zu investieren. Ein solches Recht wird auch als Investitionsoption bezeichnet. Eine Investitionsoption ist ein Spezialfall einer Realoption. Letztere hat ihren Namen daher, dass sie die Entsprechung zu einer Finanzoption im realwirtschaftlichen Bereich bildet. Das hier diskutierte Recht kann genau einmal ausgeübt werden. Ansonsten kann diese Ausübung beliebig lange aufgeschoben werden.

Die Investition erfordert einen Betrag I, und sie resultiert in einem Projekt mit Wert V_t zum Zeitpunkt t. Im weiteren Verlauf dieser Arbeit werden Zeitindizes als Subskript jedoch nur dann angegeben, wenn es nötig ist, um Eindeutigkeit herzustellen. Der Projektwert kann als der heutige Wert aller ab dem Investitionszeitpunkt auftretenden unsicheren *Cash-Flows* verstanden werden. Er folgt, unabhängig davon, ob die Investition bereits durchgeführt wurde, einer Geometrisch-Brownschen Bewegung gemäß

$$dV = (\mu - \delta)V dt + \sigma V dW. \tag{2.1}$$

Dabei bezeichnen dW das Inkrement eines Wiener-Prozesses W, μ die erwartete Gleichgewichtsrendite für das in V enthaltene Risiko, δ die *Cash-Flow*-Rate des Projektes und σ den Volatilitätsparameter des Prozesses.

Nach Investition liefert das Projekt einen kontinuierlichen *Cash-Flow*-Strom in

Höhe von δV, der die Opportunitätskosten beim Aufschieben der Investition darstellt. Da die Investition irreversibel ist, existiert jedoch auch ein Wert des Wartens:[1] Das Unternehmen kann durch den Aufschub die *Sunk Costs* in Höhe des Investitionsbetrags I für den Fall vermeiden, dass sich das Projekt langfristig schlecht entwickelt.

Das Ziel des Unternehmens wird es sein, den Wert seiner Investitionsoption, im folgenden mit $F^e(V)$ bezeichnet, zu maximieren.[2] Hierzu kann es die Investitionsschwelle V_I^e festlegen, also den kritischen Projektwert, ab dem eine sofortige Investition optimal ist. Hierbei ist zu beachten, dass diese Schwelle im Zeitablauf konstant bleibt. Das liegt daran, dass die Investition beliebig lange aufgeschoben werden kann. Somit ändert sich die Entscheidungssituation nicht allein dadurch, dass Zeit verstreicht, was der Fall wäre, wenn dadurch die verbleibende Laufzeit des Investitionsrechts verkürzt würde, sondern nur mittelbar dadurch, dass sich im Zeitablauf der aktuelle Projektwert verändert. Es reicht für die Investitionsentscheidung deshalb aus, den Projektwert als einzige entscheidungsrelevante Zustandsvariable zu berücksichtigen.

2.2 Optimale Investitionsentscheidung

Zur Bestimmung der optimalen Investitionsentscheidung des rein eigenfinanzierten Unternehmens ohne Finanzierungsbeschränkungen wird zunächst der Wert der Investitionsoption $F^e(V; V_I)$ für eine gegebene Investitionsschwelle V_I ermittelt. Hier wird V_I als Parameter explizit mitgeführt, da der Wert für verschiedene alternative Investitionsschwellen betrachtet werden soll. Anschließend wird speziell die optimale Investitionsschwelle V_I^e so bestimmt, dass sie den Optionswert maximiert.

[1] Vgl. den Titel des Artikels von McDonald und Siegel (1986), "*The Value of Waiting to Invest*".

[2] Das Superskript e kennzeichnet dabei den hier betrachteten Referenzfall des rein eigenfinanzierten Unternehmens ohne Finanzierungsbeschränkungen.

Unter der Annahme, dass das Risiko des Projektwerts V am Markt gehandelt wird,[3] lässt sich durch eine aus der Optionspreistheorie bekannte Portefeuillestrategie zeigen (siehe Anhang A.1), dass der Wert der Investitionsoption $F^e(V;V_I)$ der gewöhnlichen Differentialgleichung

$$\frac{1}{2}\sigma^2 V^2 F^e_{VV} + (r-\delta)VF^e_V = rF^e \quad \forall V < V_I. \tag{2.2}$$

genügt. Dabei bezeichnet r den risikolosen Zinssatz sowie F^e_V und F^e_{VV} die erste bzw. zweite Ableitung des Optionswertes nach V. Die Funktionsargumente werden in der Darstellung der Differentialgleichungen aus Gründen der Übersichtlichkeit in dieser Arbeit stets weggelassen.

Um den Wert der Investitionsoption aus dieser Differentialgleichung zu bestimmen, werden noch zwei Randbedingungen für die Wertgleichheit benötigt. Diese lauten

$$F^e(0;V_I) = 0, \tag{2.3}$$

$$F^e(V_I;V_I) = V_I - I, \tag{2.4}$$

was bedeutet, dass bei einem wertlosen Projekt die Option ebenfalls keinen Wert hat, sowie dass ihr Wert bei Erreichen der Investitionsschwelle genau dem Ausübungswert, d.h. dem erlangten Projektwert abzüglich des Investitionsbetrags, entspricht. Damit lässt sich die Differentialgleichung (2.2) lösen (siehe Anhang A.2), und es ergibt sich

$$F^e(V;V_I) = \begin{cases} (V_I - I)\cdot\left(\dfrac{V}{V_I}\right)^{\lambda_1} & \text{wenn } 0 \leq V < V_I \\ V - I & \text{wenn } V \geq V_I \end{cases} \tag{2.5}$$

[3] Diese Annahme, die in der vorliegenden Arbeit stets getroffen wird, ist zwar in der Realoptionsliteratur weit verbreitet, allerdings ist ihre Zulässigkeit weniger selbstverständlich als bei Finanzoptionen, deren Underlyings tatsächlich am Markt gehandelt werden. Ein möglicher Lösungsansatz ist die Wahl eines stark mit dem Projektrisiko korrelierten *Underlyings* (vgl. Copeland und Antikarov (2001)).

mit

$$\lambda_1 = \frac{1}{2} - \frac{r-\delta}{\sigma^2} + \sqrt{\frac{2r}{\sigma^2} + \left(\frac{1}{2} - \frac{r-\delta}{\sigma^2}\right)^2}. \tag{2.6}$$

Während der Wert bei sofortiger Ausübung $V - I$ beträgt, wird im Wartebereich die bei Erreichen der Schwelle V_I auftretende Zahlung $V_I - I$ auf den aktuellen Zustand abgezinst. Der hierzu verwendete Abzinsungsfaktor $\left(\frac{V}{V_I}\right)^{\lambda_1}$ kann interpretiert werden als der aktuelle Wert eines “Wertpapiers”, welches bei Erreichen von V_I eine Geldeinheit bezahlt. Er bewirkt eine umso stärkere Diskontierung erstens für einen kleinen Projektwert V relativ zu der zu erreichenden Schwelle V_I, da *ceteris paribus* umso länger auf die Zahlung gewartet werden muss, je größer der Abstand dieser beiden Werte ist. Zweitens nimmt der Wert des “Wertpapiers” in λ_1 ab, d.h. die Diskontierung wird mit λ_1 stärker. Es kann gezeigt werden,[4] dass λ_1 steigend in δ ist, aber fallend in r und in σ. Die Begründung für die stärkere Diskontierung ist dann ähnlich wie im ersten Fall: Bei einer starken Reduktion des Wachstums von V durch eine hohe *Cash-Flow*-Rate δ muss *ceteris paribus* länger auf das Erreichen von V_I gewartet werden. Umgekehrt bewirken größere Parameterwerte für r und σ, dass V_I früher erreicht wird.[5] Insgesamt ist also ein größeres λ_1 gleichbedeutend mit einer längeren voraussichtlichen Wartezeit bis zum Erreichen von V_I.

Nun bleibt noch, die Investitionsschwelle V_I^e zu bestimmen, so dass der Optionswert maximiert wird. Dies stellt die Optimalitätsbedingung

$$F_V^e(V_I^e; V_I^e) = 1 \tag{2.7}$$

sicher, d.h. der Optionswert muss an der Stelle V_I^e glatt in den Wert $V - I$ nach Ausübung übergehen. Dies wird in der Literatur auch als *Smooth-Pasting-*

[4] Vgl. hierzu auch Dixit und Pindyck (1994, S. 144).

[5] Zwar ist für das Wachstum von V gemäß (2.1) die erwartete Gleichgewichtsrendite μ verantwortlich. Allerdings ist aus Bewertungssicht die risikoneutrale Wahrscheinlichkeit für das Erreichen von V_I relevant. Unter dem risikoneutralen Maß ist der risikolose Zinssatz r der relevante Wachstumsparameter.

Bedingung bezeichnet.[6] Durch Auflösen von (2.7) nach der Investitionsschwelle V_I^e ergibt sich

$$V_I^e = \frac{\lambda_1}{\lambda_1 - 1} \cdot I. \tag{2.8}$$

Die Bestimmung der Investitionsschwelle V_I^e entspricht formal einem optimalen Stopp-Problem, da die Investitionsentscheidung auch als eine "Warte-Stopp-Entscheidung" gesehen werden kann. Obwohl es im Modell keine explizite Zeitabhängigkeit gibt, impliziert der stetige Verlauf der Pfade von V, dass eine höhere Investitionsschwelle stets zu einem späteren Zeitpunkt erreicht wird. Deshalb ist es zulässig, die Wahl einer höheren bzw. niedrigeren Investitionsschwelle als die Entscheidung zu einer späteren oder früheren Investition zu interpretieren. Außerdem wird im folgenden die Wahl einer Investitionsschwelle oberhalb eines Referenzwertes mit dem in der Einleitung eingeführten Begriff des *Underinvestment* und die Wahl einer Investitionsschwelle unterhalb eines Referenzwertes als *Overinvestment* bezeichnet, womit die Interpretation einer höheren bzw. niedrigeren Investitionsschwelle als ein niedrigeres bzw. höheres Investitionsvolumen einhergeht.[7]

Da $\lambda_1 > 1$, gilt stets $V_I^e > I$. Dies wird in der Literatur[8] als Gegensatz zur klassischen Kapitalwertregel interpretiert: Das Investitionskriterium lautet nicht, dass der Projektwert V lediglich den Investitionsbetrag I übersteigen muss, was bereits einem positiven Kapitalwert entspräche. Er muss vielmehr diesen so deutlich übersteigen, dass die Gefahr eines späteren Fallens dadurch kompensiert wird.

Eine grafische Darstellung des Wertes der Investitionsoption $F^e(V; V_I)$ liefert Abbildung 2.1 für die Parameterwerte $I = 100$ und $\lambda_1 = 2$.[9] Es ist ersichtlich, dass bei Verwendung der optimalen Investitionsschwelle V_I^e der Optionswert

---

[6]Vgl. z.B. Dixit und Pindyck (1994, S. 130).

[7]Vgl. hierzu auch die ausführliche Diskussion der Analogie zwischen Investitionsschwelle und Investitionsvolumen in Abschnitt 4.4.

[8]Siehe z.B. Dixit und Pindyck (1994).

[9]Die Wahl von $\lambda_1 = 2$ liegt in einer sinnvollen Größenordnung: Für realistische Parameterwerte wie z.B. $r = 0{,}03$, $\delta = 0{,}03$ und $\sigma = 0{,}2$ ergibt sich $\lambda_1 = 1{,}82$.

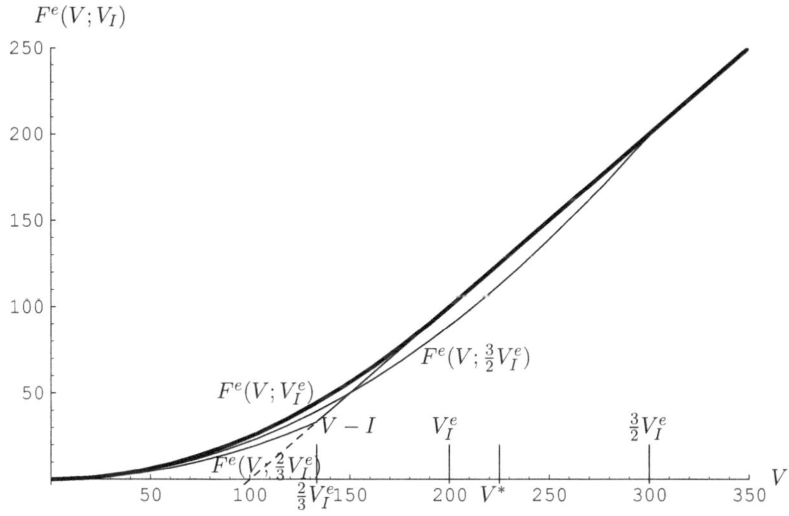

Abbildung 2.1: Investitionsentscheidung eines rein eigenfinanzierten Unternehmens.

Der Wert der Investitionsoption eines rein eigenfinanzierten Unternehmens $F^e(V; V_I)$ ist als Funktion des Projektwerts V dargestellt. Neben dem Verlauf für die optimale Investitionsschwelle V_I^e (dick) sind auch die Verläufe für die beiden suboptimalen Investitionsschwellen $V_I^{sub,1} = \frac{2}{3}V_I^e$ und $V_I^{sub,2} = \frac{3}{2}V_I^e$, sowie der Wert bei Ausübung $V - I$ (gestrichelt) dargestellt. V^* gibt die Stelle des in Abschnitt 2.4 abgeleiteten maximalen absoluten Wertverlusts durch *Underinvestment* an. Die gewählten Parameterwerte sind $I = 100$ und $\lambda_1 = 2$.

$F^e(V; V_I^e)$ glatt in den Wert $V - I$ nach Ausübung übergeht. Zum Vergleich sind die Verläufe zweier Optionswerte bei suboptimaler Ausübung, genauer für eine zu niedrige ($V_I^{sub,1} = \frac{2}{3}V_I^e$) und eine zu hohe ($V_I^{sub,2} = \frac{3}{2}V_I^e$) Investitionsschwelle, dargestellt. Diese weisen jeweils einen Knick an der Investitionsschwelle auf, was genau die Verletzung der *Smooth-Pasting*-Bedingung (2.7) darstellt. Man beachte, dass die Wahl einer suboptimalen Investitionsschwelle dazu führt, dass der resultierende Investitionsoptionswert tatsächlich für **alle** Projektwerte V niedriger liegt als der optimale Verlauf. Bei zu hoher Investitionsschwelle fließt der entgehende *Cash-Flow*-Strom δV in die Bewertung auch der Zustände vor Investition ein, während bei zu niedriger Investitionsschwelle der Verlust an Wartewert im Investitionszeitpunkt ebenfalls bereits in den Investitionsoptionswert vor Investition eingeht.

2.3 Sensitivität der optimalen Investitionsschwelle

Zunächst soll die Sensitivität der optimalen Investitionsschwelle diskutiert werden. Dieser Abschnitt vermittelt dadurch eine Vorstellung, wie ein Entscheider seine Investitionsschwelle für veränderte Umweltbedingungen anpassen sollte.

Die Parameter δ, r und σ gehen nur über λ_1 in die Investitionsschwelle V_I^e ein. Die Schwelle V_I^e ist gemäß (2.8) streng monoton fallend in λ_1, wobei $\lambda_1 > 1$. Sie hat den Grenzwert

$$\lim_{\lambda_1 \to \infty} V_I^e = I.$$

Während der Wert des Wartens für kleine λ_1, d.h. nur wenig größer als die Untergrenze 1, also groß ist und das Unternehmen sehr hohe Projektwerte abwartet, ehe es die Investition tätigt, wird im Grenzwert $\lambda_1 \to \infty$ nach der klassischen Kapitalwertregel entschieden, d.h. es wird investiert, sobald die Investition überhaupt einen positiven Nettowert $V - I$ liefert. Wie lässt sich aber die Variable λ_1 auf die fundamentalen Größen δ, r und σ, also auf die *Cash-Flow*-Rate, den risikolosen Zinssatz und die Volatilität des Projektwertes, zurückführen?

Wie bereits erwähnt, ist λ_1 steigend in δ, aber fallend in r und in σ. Umgekehrt ist demnach die Investitionsschwelle V_I^e fallend in δ, jedoch steigend in r und in σ. Die Investitionsentscheidung kann als Abwägung gesehen werden zwischen dem unsicheren Strom δV auf der einen Seite, und auf der anderen Seite einem sicheren ab Investition aufzubringenden Strom rI, wenn der Betrag I bei Investition zum risikolosen Zinssatz geliehen wird oder ab dann nicht mehr zur Anlage zur Verfügung steht. Damit leuchtet unmittelbar ein, dass V_I^e in r steigt, weil die Opportunitätskosten der Investition dann höher sind, und in δ fällt, weil die Investition profitabler wird.

Wenn die Volatilität des Projektwerts $\sigma = 0$ ist, dann beträgt in diesem deterministischen Fall auch die erwartete Gleichgewichtsrendite $\mu = r$, und (2.1) vereinfacht sich zu

$$dV = (r - \delta)V dt, \tag{2.9}$$

es liegt also ein sicheres Wachstum des Projektwerts mit Rate $r - \delta$ vor. Für die Investitionsschwelle kann in diesem Fall nicht die Lösung (2.8) herangezogen werden, ohne das Verhalten von λ_1 gemäß (2.6) für $\sigma \to 0$ zu kennen. So gilt im Fall $r > \delta$, dass $\lambda_1 \to \frac{r}{r-\delta}$, und somit die Investitionsschwelle $V_I^e = \frac{r}{\delta} I$ beträgt.[10]

Eine alternative Erklärung ist direkt über den Investitionsoptionswert möglich.[11] Dieser lässt sich, gegeben dass (2.9) gilt, also $V_T = V_0 e^{(r-\delta)T}$ ist, und im Zeitpunkt T investiert wird, für den Zeitpunkt $t = 0$ angeben als

$$F(V_0, T) = e^{-rT}(V_0 e^{(r-\delta)T} - I).$$

[10] Vgl. Dixit und Pindyck (1994, S. 144).

[11] Vgl. hierzu auch Dixit und Pindyck (1994, S. 138)

Die Bedingung erster Ordnung für den optimalen Investitionszeitpunkt lautet dann

$$\frac{\partial F(V_0, T)}{\partial T} \stackrel{!}{=} 0 \Leftrightarrow rIe^{-rT} \stackrel{!}{=} \delta V_0 e^{-\delta T}.$$

Der kritische Projektwert, bei dem sofortige Investition optimal ist, also $T = 0$ gilt, ist somit

$$V_0^* = \frac{r}{\delta} I.$$

Es wird also investiert, sobald $\delta V \geq rI$ ist, und die Investition damit einen positiven Nettostrom bringt.

Umgekehrt liegt für $r \leq \delta$ ein sicherer Verfall des Projektwerts vor. Dann gilt, dass $\lambda_1 \to \infty$ und damit $V_I^e = I$ ist. Unter Sicherheit wird also im letzteren Fall nach der klassischen Kapitalwertregel entschieden, und das Unternehmen sichert sich sofort den Wert $V - I$, sofern dieser positiv ist. Tatsächlich ist auch für $r \leq \delta$ die Investition lohnend: Zwar geht der Projektwert V mit Sicherheit in der Zukunft verloren, aber den dafür verantwortlichen Entnahmestrom δV erhält das Unternehmen ab dem Investitionszeitpunkt in voller Höhe. Somit hat es, bis der Projektwert verschwunden ist, einen Zahlungsstrom erhalten, der im Investitionszeitpunkt genau den Wert V besitzt. Ansonsten, also für $V < I$, lässt es seine Investitionsoption verfallen und sieht dem Zerrinnen des Projektwerts tatenlos zu.

Für steigende Volatilität dagegen steigt die Investitionsschwelle immer weiter an, und im Grenzfall gilt $\lim_{\sigma \to \infty} V_I^e = \infty$, da das Risiko steigt, eine irreversible Investition in ein Projekt zu tätigen, welches sich anschließend schlecht entwickelt. Bei einer positiven Entwicklung dagegen bleibt die Möglichkeit erhalten, das Projekt später noch "preiswert" durch Investition des Betrags I zu realisieren. Es ist also sinnvoll, sich die Investitionsmöglichkeit mit steigender Volatilität länger offen zu halten.

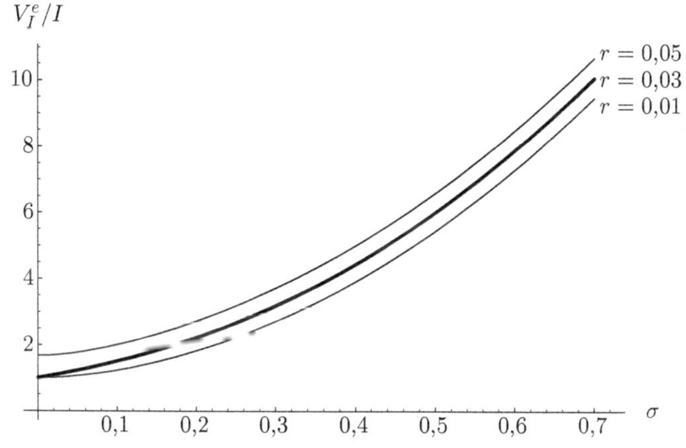

Abbildung 2.2: Relative Investitionsschwelle über Volatilität.

Die optimale Investitionsschwelle eines rein eigenfinanzierten Unternehmens V_I^e, normiert durch den Investitionsbetrag I, ist für unterschiedliche Parametrisierungen des risikolosen Zinssatzes r als Funktion des Volatilitätsparameters σ dargestellt. Weiterer verwendeter Parameterwert ist $\delta = 0{,}03$.

In Abbildung 2.2 ist der Verlauf der optimalen Investitionsschwelle eines rein eigenfinanzierten Unternehmens V_I^e, normiert durch den Investitionsbetrag I, als Funktion des Volatilitätsparameters σ veranschaulicht. Es ist ersichtlich, dass wie eben argumentiert die Investitionsschwelle V_I^e in der Volatilität monoton steigt. Für den Extremfall $\sigma = 0$ gilt offensichtlich gleichermaßen für die Fälle $r < \delta$ und $r = \delta$, dass $V_I^e/I = 1$. Sofern dagegen der risikolose Zinssatz r die *Cash-Flow*-Rate δ übersteigt, ist zu erkennen, dass $V_I^e/I = r/\delta > 1$.

2.4 Wertverlust bei suboptimaler Investitionsentscheidung

Im weiteren Verlauf dieser Arbeit, genauer in den Kapiteln 4 und 5, wird untersucht werden, wie sich Friktionen, speziell Informationsasymmetrie und Interessenkonflikte, auf das *Investment-Timing* eines Unternehmens auswirken. Hierzu wird stets die Investitionsschwelle des betrachteten Unternehmens mit der hier vorgestellten Schwelle V_I^e eines rein eigenfinanzierten Unternehmens verglichen.

Da die Schwelle V_I^e so gewählt ist, dass sie den Wert der Investitionsoption in einer vollkommenen Welt, also ohne Nebenbedingungen, maximiert, wird jede Abweichung bei der Wahl der Schwelle zu einem Verlust an Optionswert führen. Trotzdem sind auch die in den folgenden Kapiteln auftretenden, von jener in einer vollkommenen Welt abweichenden und aus dieser Sicht suboptimalen Investitionsstrategien sehr wohl das Ergebnis optimaler Entscheidungen, gegeben die Friktionen, denen die Entscheider ausgesetzt sind.

Im folgenden soll zunächst der durch die Abweichung verursachte Wertverlust ohne Betrachtung der Ursachen quantifiziert werden. Letztlich soll so die Frage beantwortet werden, ob der Wertverlust durch eine suboptimale Investitionsschwelle tatsächlich ökonomisch signifikant ist. Dabei werden für die mögliche suboptimale Investitionsschwelle $V_I^{sub,i}$ $(i = 1, 2)$ zwei Fälle unterschieden: Im ersten Fall ist $V_I^{sub,1} < V_I^e$, es liegt also ein *Overinvestment*-Problem vor. Umgekehrt ist im zweiten Fall $V_I^{sub,2} > V_I^e$, dann besteht ein *Underinvestment*-Problem.

Der absolute bzw. relative Wertverlust AL (*Absolute Loss*) bzw. RL (*Relative Loss*) durch die Wahl einer suboptimalen Investitionsschwelle $V_I^{sub,i}$, gegeben ein aktueller Projektwert V, seien definiert als

$$AL = F^e(V; V_I^e) - F^e(V; V_I^{sub,i}) \tag{2.10}$$

und

$$RL = \frac{F^e(V; V_I^e) - F^e(V; V_I^{sub,i})}{F^e(V; V_I^e)} = 1 - \frac{F^e(V; V_I^{sub,i})}{F^e(V; V_I^e)}. \tag{2.11}$$

Abbildung 2.3 stellt diese dar. Für den Fall des *Overinvestment*, d.h. für eine Schwelle von $V_I^{sub,1} < V_I^e$, liegt der maximale absolute Wertverlust AL genau bei einem aktuellen Projektwert von $V = V_I^{sub,1}$, also dem kleinsten Projektwert, bei dem sofort *Overinvestment* auftritt. Für kleinere Projektwerte handelt es sich lediglich um den aktuellen Wert des beim Erreichen von $V_I^{sub,1}$ auftretenden Wertverlusts, der mit Entfernung von $V_I^{sub,1}$ fällt. Für alle Projektwerte größer als $V_I^{sub,1}$ wird sofort investiert, jedoch ist die Abweichung von der optimalen Entscheidung um so geringer, je näher das Unternehmen der optimalen Schwelle V_I^e kommt. Deshalb fällt auch der realisierte Wertverlust auf dem Weg von $V_I^{sub,1}$ nach V_I^e. Für $V \geq V_I^e$ wird in beiden Fällen sofort investiert, deshalb entsteht kein Wertverlust durch die Wahl einer Investitionsschwelle, die unterhalb der optimalen liegt.

Dagegen ist der Fall des *Underinvestment*, d.h. einer Schwelle von $V_I^{sub,2} > V_I^e$, etwas komplizierter: Noch unproblematisch ist der Bereich für Projektwerte größer als $V_I^{sub,2}$, dort wird schließlich wieder in beiden Fällen sofort investiert, und es liegt kein Wertverlust vor. Jedoch ist die naheliegende Vermutung, dass der maximale Wertverlust genau an der Stelle $V = V_I^e$ aufträte, **nicht**

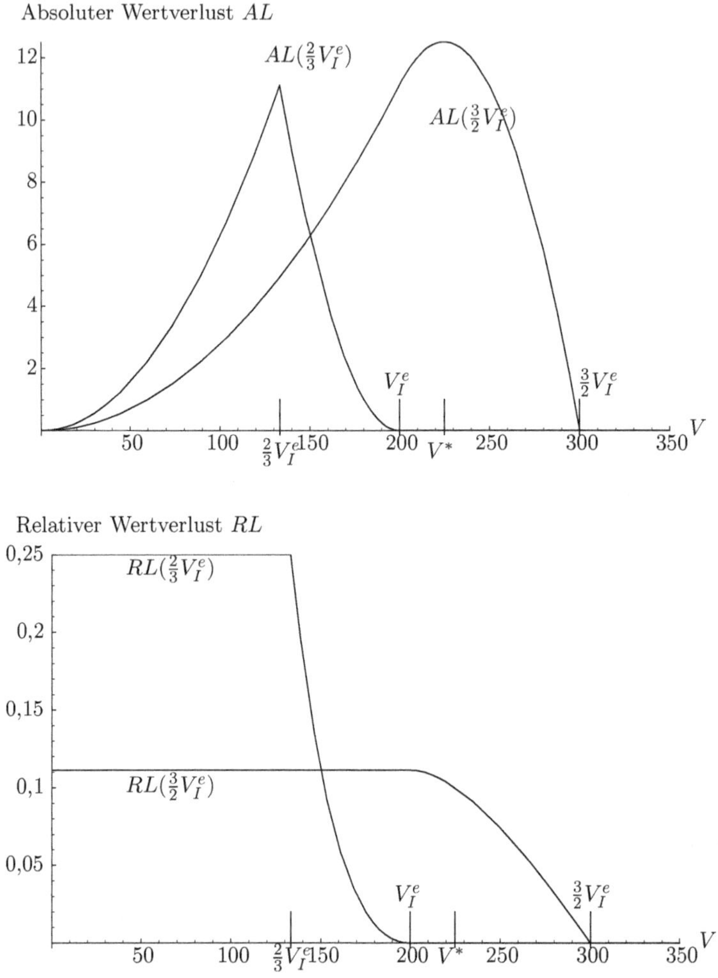

Abbildung 2.3: Wertverlust durch suboptimale Ausübung.

Der Wertverlust durch suboptimale Ausübung der Investitionsoption eines rein eigenfinanzierten Unternehmens ist als Funktion des Projektwerts V dargestellt. Während im oberen Teilbild der absolute Wertverlust AL zu sehen ist, zeigt das untere Teilbild den durch den Wert bei optimaler Ausübung $F^e(V; V_I^e)$ normierten relativen Wertverlust RL. Der Projektwert V^* kennzeichnet die Stelle des maximalen absoluten Wertverlusts durch *Underinvestment*. Es wurden die beiden suboptimalen Investitionsschwellen $V_I^{sub,1} = \frac{2}{3}V_I^e$ und $V_I^{sub,2} = \frac{3}{2}V_I^e$, sowie die Parameterwerte $I = 100$ und $\lambda_1 = 2$ gewählt.

zutreffend. Vielmehr kann die tatsächliche Stelle des maximalen Wertverlusts durch *Underinvestment* für $V_I^{sub,2} = kV_I^e$ mit $k > 1$ bestimmt werden als

$$V^* = V_I^e \cdot \sqrt[\lambda_1 - 1]{\frac{k^{\lambda_1}}{\lambda_1 k - (\lambda_1 - 1)}}. \tag{2.12}$$

Der Beweis findet sich in Anhang A.3. Weiter kann gezeigt werden (siehe Anhang A.4), dass

$$V_I^e < V^* < V_I^{sub,2}.$$

Dass der größte Wertverlust demnach stets an einer Stelle oberhalb von V_I^e liegt, kann anschaulich dadurch erklärt werden, dass das Niveau der Optionswerte generell in V ansteigt, und deshalb der absolute Wertverlust zunächst ebenfalls noch ansteigt. Um diesen Effekt auszublenden, wird im folgenden der relative Wertverlust RL betrachtet.

Wenn im *Over-* bzw. *Underinvestment*-Fall ($i = 1, 2$) beide verglichenen Investitionsstrategien zu warten verlangen, d.h. $V \leq \min\{V_I^{sub,i}; V_I^e\}$, dann gilt für den relativen Wertverlust (wobei für die letzte Umformung wieder $V_I^{sub,i} = kV_I^e$ gesetzt wurde)

$$\begin{aligned} RL &= 1 - \frac{F^e(V; V_I^{sub,i})}{F^e(V; V_I^e)} = 1 - \frac{(V_I^{sub,i} - I) \cdot \left(\frac{V}{V_I^{sub,i}}\right)^{\lambda_1}}{(V_I^e - I) \cdot \left(\frac{V}{V_I^e}\right)^{\lambda_1}} \\ &= 1 - \frac{V_I^{sub,i} - I}{V_I^e - I} \cdot \left(\frac{V_I^e}{V_I^{sub,i}}\right)^{\lambda_1} = 1 - \frac{\lambda_1 k - (\lambda_1 - 1)}{k^{\lambda_1}} \end{aligned} \tag{2.13}$$

$$\forall V \leq \min\{1; k\} \cdot V_I^e.$$

Man beachte, dass dieser also immer dann konstant in V ist, wenn beide verglichenen Investitionsstrategien zu warten verlangen, was auch gut in Abbildung 2.3 zu sehen ist. Im Wartebereich führt eine Ver-n-fachung des Projektwertes in beiden Fällen zu n^{λ_1}-fachen Optionswerten. Deshalb bleibt das Verhältnis der beiden betrachteten Optionswerte konstant.

Weiter lässt sich zeigen, dass der relative Wertverlust RL, wenn sich genau eine der beiden Investitionsstrategien im Ausübungsbereich befindet, stets streng monoton fallend in V ist. Der Beweis findet sich in Anhang A.5. Somit bestätigt sich also zumindest in der relativen Sichtweise die intuitive Erwartung, dass die Abweichung von der optimalen Strategie stets an den jeweiligen Investitionsschwellen die stärksten Auswirkungen hat. Dort sind sie nämlich gerade so stark wie im gemeinsamen Wartebereich. Sobald dagegen in einem der beiden Fälle bereits investiert wurde, wird der relative Wertverlust in Richtung der zweiten Investitionsschwelle immer geringer, da dann die Wahrscheinlichkeit steigt, dass die Abweichung bald ausgeglichen wird. Wenn der Projektwert V so hoch ist, dass in beiden Fällen sofort investiert wird, so wird der relative Wertverlust ebenso wie der absolute zu Null. (2.13) gibt also nicht nur den Wertverlust im gemeinsamen Wartebereich an, sondern außerdem den maximal möglichen Wertverlust.

Dass in Abbildung 2.3 der maximale absolute Wertverlust AL durch *Underinvestment* denjenigen durch *Overinvestment* übersteigt, hat keinen allgemeinen Charakter: Schließlich wurden $V_I^{sub,1}$ und $V_I^{sub,2}$ lediglich beispielhaft gewählt, für andere Belegungen kann sich dieses Verhältnis auch umkehren. Dagegen ist ersichtlich, dass der relative Wertverlust RL durch *Overinvestment* bereits im gewählten Beispiel größer ist als der durch *Underinvestment*, was an dem niedrigeren Niveau der Optionswerte liegt.

Hier ist als Einschränkung anzuführen, dass für $V_I^{sub,1} < I$, also den *Overinvestment*-Fall mit $k < 1$, im Bereich $V < I$ ein relativer Wertverlust von über 100% auftritt, da bei Ausübung nicht nur der komplette Wartewert verloren geht, sondern sogar noch eine negative Auszahlung vorliegt. Deshalb wird hier nur der Bereich $V_I^{sub,1} \geq I$ bzw.

$$k > \frac{\lambda_1 - 1}{\lambda_1}$$

diskutiert. Im Grenzfall $V_I^{sub,1} = I$ tritt genau ein maximaler Wertverlust von 100% ein.

Abbildung 2.4 zeigt den maximalen relativen Wertverlust RL gemäß (2.13), der jeweils auftrifft, wenn beide verglichenen Investitionsstrategien zu warten verlangen, also $V \leq \min\{1; k\} \cdot V_I^e$, als Funktion des Faktors k für unterschiedliche λ_1. Wie zu erwarten, beträgt er Null für $k = 1$ und steigt in der Entfernung von $k = 1$. Formal lässt sich dies dadurch nachweisen, dass

$$\frac{dRL}{dk} = \frac{(k-1)(\lambda_1 - 1)\lambda_1}{k^{\lambda_1+1}}$$

für $k < 1$ negativ und für $k > 1$ positiv ist. Weiter zeigt Abbildung 2.4, dass der maximale relative Wertverlust RL in λ_1 steigt, sofern eine Über- oder Unterschreitung der optimalen Investitionsschwelle V_I^e, welche ihrerseits allerdings ebenfalls von λ_1 abhängt, um einen festen Faktor k vorliegt, also k konstant gehalten wird.

Letztlich lässt sich das über die Konvexität des Investitionsoptionswertes in V begründen: Diese steigt ebenfalls in λ_1, wie sich in (2.5) erkennen lässt. Bei höherer Konvexität fallen auch die Abweichungen in den Investitionsoptionswerten für unterschiedliche Investitionsschwellen und damit der Wertverlust bei suboptimaler Ausübung größer aus. Zu (2.5) wurde außerdem erklärt, dass λ_1 die Diskontierung der Zahlung bei Investition auf Zustände im Wartebereich bestimmt. Es ist plausibel, dass es um so wichtiger ist, die richtige Investitionsschwelle zu bestimmen, je stärker die Diskontierung über den Zeitraum bis zum Erreichen der Investitionsschwelle ist.

Wie bereits erwähnt, ist λ_1 steigend in der *Cash-Flow*-Rate δ, aber fallend im risikolosen Zinssatz r und in der Volatilität des Projektwertes σ. Wenn dies hier verwendet wird, so lässt sich schlussfolgern, dass der maximale relative Wertverlust RL seinerseits ebenfalls steigend in δ ist, aber fallend in r und in σ, solange der Faktor k konstant gehalten wird. Wiederum wird dann nämlich die

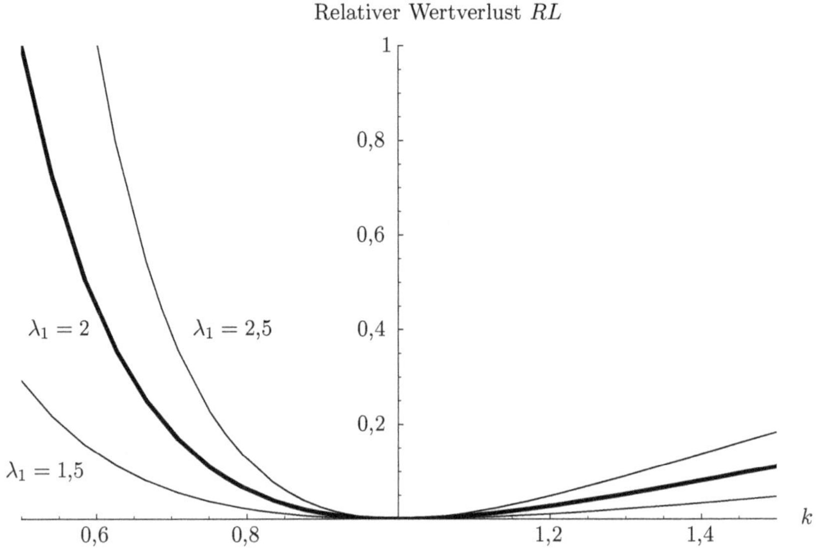

Abbildung 2.4: Maximaler relativer Wertverlust.

Der maximale relative Wertverlust RL durch suboptimale Ausübung der Investitionsoption eines rein eigenfinanzierten Unternehmens ist als Funktion des Faktors k dargestellt, der den Grad der Abweichung der suboptimalen Investitionsschwelle $V_I^{sub,i} = kV_I^e$ von der optimalen Schwelle V_I^e bestimmt. Der Wertverlust ist für unterschiedliche λ_1 dargestellt, nämlich das in den vorigen Beispielen gewählte $\lambda_1 = 2$ (dick), sowie außerdem $\lambda_1 = 1{,}5$ und $\lambda_1 = 2{,}5$.

voraussichtliche Wartezeit bis zum Erreichen der Investitionsschwelle länger, und somit ist es um so wichtiger, die richtige Investitionsschwelle zu bestimmen.

2.5 Schlussfolgerung

Im aktuellen Kapitel wurde das *Investment-Timing* in einer vollkommenen Welt untersucht. In diesem Rahmen lautet die optimale Entscheidung stets, die Investitionsschwelle zu wählen, die einen Wertverlust von Null bewirkt. Dagegen bringen die Friktionen in den Kapiteln 4 und 5 weitere positive und negative Werteffekte mit sich, die der Entscheider zusätzlich berücksichtigen muss. Diese können eine deutliche Abweichung von der optimalen Investitionsschwelle in der vollkommenen Welt mit sich bringen.

Die beispielhaft gewählten suboptimalen Investitionsschwellen, die von der optimalen um den Faktor $\frac{3}{2}$ bzw. $\frac{2}{3}$ abweichen, treten in den Kapiteln 4 und 5 als Folge von Friktionen tatsächlich in dieser Größenordnung auf. Eine solche Abweichung kann einen Verlust von 25% des Investitionsoptionswertes mit sich bringen. Speziell im *Overinvestment*-Fall kann eine suboptimale Investitionsschwelle im Extremfall sogar den vollständigen Verlust des Investitionsoptionswertes mit sich bringen, wenn bereits bei Erreichen von $V_I^{sub,1} = I$ investiert wird, also in einem Zustand, in dem der klassische Kapitalwert $V_I^{sub,1} - I = 0$ beträgt.

Obwohl solche Schwellen aus Sicht des Entscheiders in einer friktionsbehafteten Welt optimal sein können, resultieren sie in einem Verlust an Gesamtwert des Unternehmens relativ zu der Situation in einer vollkommenen Welt. Damit ist klar, dass Überlegungen, wie durch Linderung der Friktionen oder ihrer Folgen der Unternehmenswert gesteigert werden kann, praktische ökonomische Relevanz haben.

Kapitel 3

Ökonomische Fundierung von Emissionskosten

In einer vollkommenen Welt gibt es keinen Grund, liquide Mittel im Unternehmen vorzuhalten. Es können jederzeit externe Kapitalgeber herangezogen werden, die einen zur Investition fehlenden Geldbetrag zur Verfügung stellen. Dabei sind ihnen die Chancen und Risiken des Anspruchs, den sie für ihren Beitrag erhalten, so gut bekannt wie dem Unternehmen selbst. Deshalb sind die Konditionen, welche die externen Kapitalgeber verlangen, für das Unternehmen ebenso vorteilhaft, wie wenn die Investition komplett aus internen Mitteln finanziert werden würde.

In diesem Kapitel soll dagegen die Friktion der Informationsasymmetrie zwischen dem Unternehmen und externen Kapitalgebern zur ökonomischen Fundierung von Emissionskosten herangezogen werden. Die Informationsasymmetrie führt zu einer Finanzierungsbeschränkung, genauer dazu, dass das Unternehmen bei der Beschaffung liquider Mittel einer Mengenbeschränkung unterliegt und erhöhte Kosten hat. Letztere werden nicht rein exogen vorgegeben, sondern aus der Wirkung der Informationsasymmetrie für die Fälle der Emission von neuem Eigenkapital und riskantem Fremdkapital abgeleitet und so ökonomisch fundiert.

3.1 Modellrahmen

Das betrachtete Unternehmen hat zum aktuellen Zeitpunkt die Möglichkeit, in ein Projekt mit Wert V zu investieren. Die Investition erfordert die Zahlung eines Betrages I. Wird die Investition nicht durchgeführt, so verfällt die Investitionsoption. Man spricht hierbei auch von einer *Now-Or-Never*-Investitionsoption. Dieser Rahmen genügt zur ökonomischen Fundierung von Emissionskosten. So werden diese in einem überschaubaren Rahmen eingeführt und können diskutiert werden, ohne gleichzeitig die Wahl des Investitionszeitpunkts betrachten zu müssen.

Außer der Investitionsmöglichkeit seien liquide Mittel in Höhe von X im Unternehmen vorhanden. Dabei wird angenommen, dass $X \leq I$. Der zur Investition fehlende Betrag

$$\Delta = I - X$$

ist also nichtnegativ. Somit kann die Investition nicht allein aus den bereits vorhandenen Mitteln finanziert werden. Die liquiden Mittel selbst sollen ebenfalls nichtnegativ sein. Diese beiden vereinfachenden Annahmen werden bei der Diskussion des *Investment-Timing* in Kapitel 4 aufgehoben werden.

Es wird angenommen, dass der Eigentümer des Unternehmens den Betrag Δ nicht selbst aufbringen kann, sondern auf externe Kapitalgeber angewiesen ist. Diese können durch die Emission von neuem Eigenkapital oder von riskantem Fremdkapital am Unternehmen beteiligt werden. Aufgrund einer Marktfriktion entstehen hierbei jedoch Finanzierungskosten, die im folgenden abgeleitet werden.

Die Friktion bewirkt, dass externe Kapitalgeber das Investitionsprojekt lediglich mit αV bewerten. Es liegt also Informationsasymmetrie zwischen Unternehmen und externen Kapitalgebern vor. Dabei gibt $\alpha \in [0,1)$ die Stärke der Marktfriktion an. Im Extremfall $\alpha = 0$ kann der Projektwert gar nicht zur Finanzierung herangezogen werden. Umgekehrt verschwinden die Marktfriktionen für $\alpha \to 1$. Eine Motivation für die Unterbewertung kann sein, dass die Externen nicht das Wissen oder die Fähigkeit dazu haben, das Projekt in seiner vollen Qualität umzusetzen, wie es innerhalb des Unternehmens möglich wäre, sondern nur zum Anteil α. Umgekehrt hat der Eigentümer nicht die Möglichkeit, sie von seinen eigenen Fähigkeiten zu überzeugen. Die Modellierung dieser Friktion geht auf Boyle und Guthrie (2003) zurück. Dort führt sie nur zu einer Mengenbeschränkung, was im eben vorgestellten Modellrahmen bedeutet, dass

$$\Delta \leq \alpha V. \tag{3.1}$$

Weiter werden in der vorliegenden Arbeit aber auch Finanzierungskosten auf derselben Marktfriktion begründet.

Zur Einordnung der betrachteten Friktion wird auf eine Klassifizierung nach Hartmann-Wendels, Pfingsten und Weber (2007, S. 98f.) zurückgegriffen. Demnach lässt sich Informationsasymmetrie in drei Klassen einteilen: *Ex-ante*-Unsicherheit ist durch Unsicherheit bezüglich der Qualität des Projekts gekennzeichnet, *Interim*-Unsicherheit durch Unsicherheit bezüglich des Verhaltens des Vertragspartners und *Ex-post*-Unsicherheit durch die fehlende Verifizierbarkeit des Projekterfolgs.

Bei der betrachteten Friktion handelt es sich um *Ex-ante*-Unsicherheit, da die Entwicklung des Projektwerts nach dem Zeitpunkt der gleichzeitigen Investitions- und Finanzierungsentscheidung exogen gegeben und nicht abhängig vom Verhalten des Eigentümers ist, und die externen Kapitalgeber *ex post* annahmegemäß voll am Projekterfolg partizipieren.

Der zweite Fall der *Interim*-Unsicherheit läge dann vor, wenn der Zeitpunkt der Finanzierung dem Investitionszeitpunkt vorgelagert wäre. Vor Investition ist nämlich der Wert der Aktiva sehr wohl vom Verhalten des Eigentümers abhängig, und wenn letzterer weiterhin alleine über den Investitionszeitpunkt entscheiden darf, hat er den Anreiz, diesen allein aus seiner Sicht optimal zu wählen. Diese Situation wird in Kapitel 5 betrachtet, wobei die Marktfriktion dort nicht als Informationsasymmetrie bezeichnet wird. Die Friktion wird vielmehr darin gesehen, dass es keine Möglichkeit gibt, die Investitionsentscheidung durch einen bindenden Vertrag vorab festzulegen, was Interessenkonflikte zwischen Eigenkapital- und Fremdkapitalgebern nach sich zieht. Letztlich kann aber die fehlende Möglichkeit bindender Verträge darauf zurückgeführt werden, dass aufgrund von Informationsasymmetrie die Investitionsbedingungen nicht klar definierbar und verifizierbar sind.

Der dritte Fall der *Ex-post*-Unsicherheit wird oft in der Literatur über optimale Finanzierungsverträge herangezogen, die auf Diamond (1984) und Gale und Hellwig (1985) zurückgeht. Auch in der aktuellen Arbeit von Clementi und Hopenhayn (2006) kann das Unternehmen selbst entscheiden, ob es den für die Externen unbeobachtbaren aktuellen Gewinn wahrheitsgemäß meldet oder einen niedrigeren Wert angibt. Die im folgenden noch ausführlicher vorgestellte Arbeit von Cleary, Povel und Raith (2007) zeigt, dass auch die Analyse von Investitionsentscheidungen mit einer Zielsetzung ähnlich der vorliegenden Arbeit sich auf Informationsasymmetrie bei *Ex-post*-Unsicherheit aufbauen lässt.

Oft werden in der Literatur zu Investitionsentscheidungen direkt exogene Finanzierungskostenfunktionen modelliert, z.B. bei Froot, Scharfstein und Stein (1993), Kaplan und Zingales (1997) und Lyandres (2005). Stets ist das Argument für ein derartiges Vorgehen, dass bei einer endogenen Ableitung solcher Kosten der Modellrahmen für die darauf aufbauenden, im Zentrum des Interesses stehenden Analysen zu komplex würde, letztere aber auch mit einer exogenen Kostenfunktion gut möglich seien.

Die vorliegende Arbeit wählt eine Zwischenlösung: Der Rahmen der Finanzierungsverträge ist nicht Ergebnis einer endogenen Optimierung, sondern es wurden zwei verbreitete Finanzierungsvarianten, nämlich die Fälle der Emission von neuem Eigenkapital und riskantem Fremdkapital, als mögliche Alternativen vorgegeben. Weiter wird die Marktfriktion selbst, also die Unterbewertung des Investitionsprojekts durch externe Kapitalgeber, als gegeben angenommen. Jedoch werden darauf aufbauend die Finanzierungskosten aus der Wirkung dieser Marktfriktion für die beiden Finanzierungsvarianten abgeleitet und so ökonomisch fundiert. Dadurch kann erklärt werden, wie sich Eigen- und Fremdkapital-Emissionskosten qualitativ unterscheiden. Im weiteren Verlauf der Arbeit wird dann eine Emissionskosten-Funktion in reduzierter Form verwendet, welche jedoch die wichtigsten Eigenschaften der ökonomisch fundierten Funktionen aufweist.

Zunächst werden in der vorliegenden Arbeit die beiden Finanzierungsvarianten der Emission von neuem Eigenkapital und von riskantem Fremdkapital getrennt analysiert. Dabei muss mindestens der Betrag Δ ins Unternehmen fließen, um die Investition zu ermöglichen. Es ist aber auch zulässig, ein größeres Finanzierungsvolumen zu wählen. Anschließend werden die beiden Finanzierungsvarianten miteinander verglichen, und es wird weiter untersucht, ob ein Vorteil in einer Mischung der beiden liegt.

3.2 Emission von neuem Eigenkapital

Bei der Emission von neuem Eigenkapital fließt der Betrag E ins Unternehmen. Nach Investition beträgt der Gesamtwert des Unternehmens $V - I + X + E = V + E - \Delta$. Die neuen Eigenkapitalgeber messen ihm jedoch aufgrund der Marktfriktion nur einen Wert von $\alpha V + E - \Delta$ bei. Sie verlangen einen Anteil ω am Gesamtunternehmen, der ihrem Beitrag E entspricht, also

$$E \stackrel{!}{=} \omega(\alpha V + E - \Delta). \tag{3.2}$$

Ihr Anteil beträgt also

$$\omega = \frac{E}{\alpha V + E - \Delta}. \tag{3.3}$$

Die Eigenkapital-Emissionskosten EIC (für *Equity Issuance Costs*) ergeben sich nun dadurch, dass die neuen Eigenkapitalgeber für ihren Beitrag E einen Anteil ω am in Wahrheit höheren Unternehmenswert $V + E - \Delta$ bekommen. Die Kosten betragen demnach

$$EIC(E, \Delta, V) = \omega(V + E - \Delta) - E = \omega(1 - \alpha)V. \tag{3.4}$$

Die Mengenbeschränkung (3.1) lässt sich im Fall der Eigenkapitalemission dadurch begründen, dass die neuen Eigenkapitalgeber verlangen, dass

$$\omega \leq 100\% \Leftrightarrow \Delta \leq \alpha V. \tag{3.5}$$

Ansonsten wäre die Finanzierungslücke Δ und damit der Betrag $E \geq \Delta$, den die Externen zur Verfügung stellen müssten, größer als der Projektwert aus externer Sicht. Da die neuen Eigenkapitalgeber aber maximal einen Anteil von 100% fordern können, würden sie sich in diesem Fall nicht auf die Finanzierung einlassen.

Nun ist noch die Frage zu beantworten, welches $E \geq \Delta$ der bisherige Eigentümer des Unternehmens wählen sollte, so dass die EIC minimal werden. Kann es einen Vorteil bringen, ein größeres Finanzierungsvolumen als das mindestens erforderliche $E = \Delta$ zu wählen? Die zweite Umformung in (3.4) zeigt, dass die EIC linear im Anteil ω der neuen Eigenkapitalgeber am Unternehmen steigen. Intuitiv zu erwarten ist, dass der Anteil ω der neuen Eigenkapitalgeber seinerseits monoton in E steigt, und damit nach (3.4) auch die EIC. Dies lässt sich auch formal zeigen: Da gemäß (3.5) $\alpha V - \Delta \geq 0$ gilt, ist die Ableitung von ω aus (3.3) nach E,

$$\frac{\partial \omega}{\partial E} = \frac{\alpha V - \Delta}{(\alpha V + E - \Delta)^2} \geq 0.$$

Es zahlt sich demnach nicht aus, das Unternehmen nach Investition, bestehend aus dem Projektwert V, noch durch einen Betrag $E - \Delta$ an liquiden Mitteln anzureichern. Ein größeres Finanzierungsvolumen würde trotz festem Δ höhere Kosten bedeuten, da die Unterbewertung des Projektwertes sich dann in stärkerem Maße auswirken würde. Deshalb sollte das kleinstmögliche $E = \Delta$ gewählt werden. Dann vereinfacht sich (3.3) zu

$$\omega = \frac{\Delta}{\alpha V}$$

und (3.4) zu

$$EIC(\Delta) = EIC(\Delta, \Delta, V) = \frac{1-\alpha}{\alpha} \cdot \max\{\Delta, 0\}. \tag{3.6}$$

Da im weiteren Verlauf dieser Arbeit die Kostenfunktionen auch für negative Δ definiert sein sollen, wurde hier noch eine Maximumfunktion eingeführt. Die resultierenden EIC (3.6) steigen linear in der Finanzierungslücke Δ und sind unabhängig vom Projektwert V. Für die größte gerade noch schließbare Finanzierungslücke von αV betragen die $EIC(\alpha V) = (1-\alpha)V$. Das entspricht gerade dem Verlust, der aufträte, wenn das Projekt komplett an die Externen verkauft würde.

3.3 Emission von riskantem Fremdkapital

Bei der Emission von riskantem Fremdkapital leisten die Fremdkapitalgeber heute ($t = 0$) eine Zahlung in Höhe von D an das Unternehmen. Sie erhalten dafür eine Nullkuponanleihe mit Nennwert N und Fälligkeit in $t = T$, welche durch die Aktiva V besichert ist.

Das Ausfallrisiko des Fremdkapitals soll gemäß dem Modell von Merton (1974) abgebildet werden: Die Eigenkapitalgeber werden die Anleihe nur dann ordnungsgemäß tilgen, wenn der Unternehmenswert in T den Nennwert N übersteigt. Ansonsten überlassen sie das Unternehmen mit Wert V den Fremdkapitalgebern.

Die im folgenden abgeleiteten Fremdkapital-Emissionskosten lassen sich darauf zurückführen, dass die Fremdkapitalgeber aufgrund der Informationsasymmetrie dem Unternehmen nur einen Wert αV beimessen. Deshalb verlangen sie für ihren Beitrag D einen höheren Nennwert N, als in einer friktionslosen Welt allein aufgrund des Ausfallrisikos gemäß dem Modell von Merton (1974) gerechtfertigt wäre. Obwohl die Fremdkapitalgeber dem Projekt nur einen Wert von αV beimessen, soll gelten, dass sie die Entwicklung des Prozesses V korrekt beobachten können.

Es wird angenommen, dass der Projektwert V_t ab dem Investitionszeitpunkt $t = 0$ sich gemäß

$$dV_t = \mu V_t dt + \sigma V_t dW_t$$

entwickle. Dies ist vereinbar damit, dass bis zum Investitionszeitpunkt die Dynamik (2.1) gegolten hat, dem Unternehmen also der *Cash-Flow*-Strom δV_t entgangen ist. Im Zuge der Fremdkapitalemission verlangen jedoch die Fremdkapitalgeber über eine Ausschüttungssperrklausel, dass der *Cash-Flow*-Strom δV_t nach Investition im Unternehmen verbleibt, damit das haftende Kapital sich auf einem höheren Niveau hält. Präziser wird hierfür vorausgesetzt, dass die Aktiva V_t beliebig teilbar sind, so dass der *Cash-Flow*-Strom δV_t wiederum in neuen Aktiva angelegt werden kann, welche dieselben Charakteristika wie das existierende V_t aufweisen.[1]

---

[1]Eine alternative Annahme wäre, dass weiterhin die Dynamik (2.1) gilt. Dann müsste erklärt werden, was mit dem *Cash-Flow*-Strom δV_t nach Investition geschieht. Beispielsweise könnte er, sofern keine Ausschüttungssperrklausel vorliegt, als Dividende an die Eigenkapitalgeber ausgeschüttet werden.

Falls $D > \Delta$ gewählt wird, so dient der Bestand $D-\Delta$ an nach Investition noch vorhandenen liquiden Mitteln als zusätzliche Sicherheit für die Fremdkapitalgeber über den Projektwert V hinaus. Dieser Bestand wird risikolos angelegt und verzinst sich somit bis zur Fälligkeit T der riskanten Nullkuponanleihe auf $(D-\Delta)e^{rT}$.

Nach Investition beträgt der heutige Gesamtwert des Unternehmens $V_0 - I + X + D = V_0 + D - \Delta$. Die Fremdkapitalgeber messen ihm jedoch aufgrund der Marktfriktion nur einen Wert von $\alpha V_0 + D - \Delta$, bzw. von $\alpha V_T + (D-\Delta)e^{rT}$ in $t = T$ bei. Sie gehen also von einer Zahlung in T in Höhe von

$$\min\{N, \alpha V_T + (D-\Delta)e^{rT}\}$$

aus, da sie wissen, dass sie nur dann den Nennwert ihrer Anleihe erhalten, wenn er geringer ist als der Unternehmenswert in T.

Zur Bewertung ist es hilfreich, den Anspruch der Eigenkapitalgeber in $t = T$ heranzuziehen. Dieser beträgt, wiederum aus Sicht der Fremdkapitalgeber,

$$\max\{\alpha V_T + (D-\Delta)e^{rT} - N, 0\},$$

da die Eigenkapitalgeber das Unternehmen zum Preis von N "zurückkaufen" können. Dies kann umgeschrieben werden zu

$$\max\{\alpha V_T - S, 0\} \quad \text{mit} \quad S = N - (D-\Delta)e^{rT}. \tag{3.7}$$

Daraus wird ersichtlich, dass der Anspruch der Eigenkapitalgeber aus Sicht der Fremdkapitalgeber einer europäischen Kaufoption entspricht, wobei deren Basiswert αV_0, Ausübungspreis S und Fälligkeit T betragen. Der heutige Wert dieses Anspruchs aus Sicht der Fremdkapitalgeber wird im folgenden dargestellt als $C^{BS}(\alpha V_0, S, T)$, wobei sich $C^{BS}(V_0, S, T)$ gemäß Black und Scholes

(1973) ableiten lässt als

$$C^{BS}(V_0, S, T) = V_0\Phi(d_1) - Se^{-rT}\Phi(d_2).$$

Dabei bezeichnet $\Phi(x)$ den Wert der Standardnormalverteilungsfunktion an der Stelle x und

$$d_1 = \frac{\ln(V_0/S) + (r + \sigma^2/2)T}{\sigma\sqrt{T}}, \quad d_2 = d_1 - \sigma\sqrt{T}.$$

Folglich verlangen die Fremdkapitalgeber einen Nennwert N ihrer Nullkuponanleihe, bzw. nach (3.7) gleichbedeutend dazu einen Ausübungspreis S der Kaufoption, so dass

$$D \stackrel{!}{=} \alpha V_0 + D - \Delta - C^{BS}(\alpha V_0, S, T).$$

Dies bedeutet, dass die Zahlung, die sie leisten, dem gesamten Unternehmenswert $\alpha V_0 + D - \Delta$ abzüglich dem Wert des Eigenkapitals $C^{BS}(\alpha V_0, S, T)$, jeweils aus ihrer Sicht, entspricht. Dies ist gleichbedeutend mit

$$C^{BS}(\alpha V_0, S, T) \stackrel{!}{=} \alpha V_0 - \Delta. \tag{3.8}$$

Daran lässt sich bereits erkennen, dass der Ausübungspreis S unabhängig von der Zahlung D der Fremdkapitalgeber gewählt wird. Allerdings erhöht sich *ceteris paribus* bei höherem D gemäß (3.7) entsprechend der Nennwert N der Nullkuponanleihe, so dass S konstant bleibt.

Für die Kaufoption gilt weiter die Nichtnegativitätsbedingung

$$C^{BS}(\alpha V_0, S, T) \geq 0 \Leftrightarrow \Delta \leq \alpha V_0,$$

wobei bei Gleichheit der Ausübungspreis S der Kaufoption gegen ∞ strebt. Bei der Emission neuen Eigenkapitals gilt also dieselbe Finanzierungsbeschränkung wie in (3.5).

Zur Ableitung der Fremdkapital-Emissionskosten DIC (für *Debt Issuance Costs*) ist festzuhalten, dass der Wert des Anspruchs des Eigenkapitals in Wirklichkeit $C^{BS}(V_0, S, T)$ beträgt, und jener des Anspruchs der Fremdkapitalgeber damit $V_0 + D - \Delta - C^{BS}(V_0, S, T)$. Die Kosten betragen also

$$\begin{aligned} DIC(D, \Delta, V_0) &= V_0 + D - \Delta - C^{BS}(V_0, S, T) - D \\ &= V_0 - C^{BS}(V_0, S, T) - \Delta. \end{aligned}$$

Diese Darstellung zeigt, dass nicht nur der diskutierte Ausübungspreis S, sondern sogar dic DIC selbst unabhängig von D sind. Die Fehlbewertung des Projektes durch die Externen wird also nicht auf die zusätzliche Sicherheit $D - \Delta$ übertragen. Somit entstehen durch sie keine höheren Kosten. Umgekehrt bringt sie aber auch keinen Vorteil: Letztlich entspricht der Anspruch der Fremdkapitalgeber einem Portefeuille aus einer riskanten Anlage von Δ und einer risikolosen Anlage von $D - \Delta$. Letztere verbleibt stets im Unternehmen, und die Fremdkapitalgeber erhalten sie auch in den Ausfall-Zuständen zurück. Im folgenden soll daher ohne Beschränkung der Allgemeinheit $D = \Delta$ gewählt werden, d.h. nur minimale Fremdkapitalaufnahme ohne Erzeugung einer zusätzlichen Sicherheit über den Projektwert V_t hinaus.[2] Damit wird $S = N$ und (3.9) zu

$$\begin{aligned} DIC(\Delta, V_0) &= DIC(\Delta, \Delta, V_0) \\ &= \begin{cases} 0 & \text{wenn } \Delta < 0 \\ V_0 - C^{BS}(V_0, N, T) - \Delta & \text{wenn } \Delta \in [0, \alpha V]. \end{cases} \end{aligned} \tag{3.9}$$

[2] Bei einem verwandten Modell zur Investitionsentscheidung unter Finanzierungsbeschränkungen von Almeida und Campello (2007) wird ebenfalls die Wirkung von Aktiva als zusätzlicher Sicherheit für das Fremdkapital untersucht. Die Autoren betrachten ein spezielles Ausstattungsmerkmal des Kreditvertrages, nämlich einen "*credit multiplier*", und seine Wirkung auf die Investitionsentscheidung.

Wie (3.6) sei diese Kostenfunktion explizit auch für negative Δ definiert. Im folgenden soll anschaulich gezeigt werden, dass die Fremdkapital-Emissionskosten (3.9) tatsächlich stets einen nichtnegativen Wert annehmen. Hierzu wird zunächst (3.8) in (3.9) eingesetzt, womit sich

$$\begin{aligned} DIC(\alpha V_0 - C^{BS}(\alpha V_0, S, T), V_0) &= V_0 - C^{BS}(V_0, N, T) \\ &- \left[\alpha V_0 - C^{BS}(\alpha V_0, N, T)\right] \end{aligned} \quad (3.10)$$

ergibt. Dies zeigt, dass der heutige Wert der Kosten dem heutigen Wert eines Portefeuilles entspricht, welches aus einer *Long*-Position in dem tatsächlichen Wert des Fremdkapitals $V_0 - C^{BS}(V_0, N, T)$ besteht, sowie einer *Short*-Position in dem, was die Fremdkapitalgeber besitzen würden, wenn das Projekt nur einen Wert von αV_0 hätte, also $\alpha V_0 - C^{BS}(\alpha V_0, N, T)$.

Der Wert dieses Portefeuilles in T ist stets nichtnegativ: Für $V_T \leq N$ tritt in T Ausfall ein, die Fremdkapitalgeber erhalten jedoch V_T statt lediglich αV_T. Entsprechend erhalten die Fremdkapitalgeber im Fall $N < V_T < N/\alpha$ ihren vollen Nennwert N, obwohl sie nur mit αV_T gerechnet haben. Nur wenn $N/\alpha \leq V_T$ ist, decken sich die Erwartungen der Fremdkapitalgeber und die Zahlungen, die sie tatsächlich erhalten, und sie machen keine überraschenden Gewinne relativ zu ihrer Erwartung. Tabelle 3.1 fasst diese Analyse zusammen. Das Portefeuille hat also in allen zukünftigen Zuständen einen nichtnegativen Wert. Damit ist gezeigt, dass auch der heutige Wert dieses Portefeuilles, welcher dem Wert der Fremdkapital-Emissionskosten DIC entspricht, nichtnegativ sein muss.

Tabelle 3.1: Wert des synthetischen DIC-Portefeuilles in T.

Wert in T	$V_T \leq N$	$N < V_T < N/\alpha$	$N/\alpha \leq V_T$
$\min\{V_T, N\} - \min\{\alpha V_T, N\}$	$(1-\alpha)V_T$	$N - \alpha V_T$	$= 0$
	> 0	> 0	

Der tatsächliche Gewinn für die Fremdkapitalgeber bei Fälligkeit, also der Wert ihrer DIC-Position in T abzüglich ihres aufgezinsten Kapitaleinsatzes aus $t = 0$, beträgt $\min\{N, V_T\} - \Delta \cdot e^{rT}$. Dieser kann für kleine V_T selbstverständlich negativ werden.

3.4 Vergleich von Eigen- und Fremdkapitalemission

Beim Vergleich von Eigen- und Fremdkapital-Emissionskosten in Abhängigkeit der Finanzierungslücke Δ werden zunächst die Randfälle betrachtet: Für $\Delta = 0$ nehmen sowohl die Eigenkapital-Emissionskosten EIC nach (3.6) als auch die Fremdkapital-Emissionskosten DIC nach (3.9) den minimalen Wert von Null an. Ebenso sind die Kosten für die größte gerade noch schließbare Finanzierungslücke $\Delta = \alpha V$ identisch: Die Fremdkapitalgeber fordern dann ein $N = \infty$, woraus sich $C^{BS}(V, \infty, T) = 0$ und $DIC(\alpha V, V) = (1 - \alpha)V = EIC(\alpha V)$ ergeben. Beide Finanzierungsvarianten sind dann letztlich gleichbedeutend mit einem Verkauf des Projektes an die Externen. Deshalb schlägt sich auch deren Fehlbewertung in derselben Weise nieder. Tabelle 3.2 stellt die möglichen Fälle einander gegenüber.

Tabelle 3.2: Vergleich von Eigen- und Fremdkapital-Emissionskosten.

	$\Delta = 0$	$0 < \Delta < \alpha V$	$\Delta = \alpha V$
$EIC(\Delta)$	0	$\frac{1-\alpha}{\alpha}\Delta$	$(1-\alpha)V$
$DIC(\Delta, V)$	0	$V - C^{BS}(V, N, T) - \Delta$	$(1-\alpha)V$

Der zur Untersuchung verbleibende innere Bereich ist also $0 < \Delta < \alpha V$. Mit Hilfe von (3.8) können die EIC (3.6) umgeschrieben werden als

$$EIC(\alpha V_0 - C^{BS}(\alpha V_0, S, T)) = \frac{1-\alpha}{\alpha} \cdot \left[\alpha V_0 - C^{BS}(\alpha V_0, S, T)\right].$$

Mit (3.10) ergibt sich hieraus

$$\begin{aligned} & EIC(\alpha V_0 - C^{BS}(\alpha V_0, S, T)) \\ - \; & DIC(\alpha V_0 - C^{BS}(\alpha V_0, S, T), V_0) \\ = \; & \frac{1-\alpha}{\alpha} \cdot \left[\alpha V_0 - C^{BS}(\alpha V_0, S, T)\right] \\ - \; & \left[V_0 - C^{BS}(V_0, N, T) - \left(\alpha V_0 - C^{BS}(\alpha V_0, N, T)\right)\right] \\ = \; & C^{BS}(V_0, N, T) - \frac{1}{\alpha} \cdot C^{BS}(\alpha V_0, N, T) \\ = \; & C^{BS}(V_0, N, T) - C^{BS}(V_0, N/\alpha, T) > 0. \end{aligned}$$

Für die letzte Umformung wurde ausgenutzt, dass $C^{BS}(\cdot)$ homogen vom Grade eins ist, also $C^{BS}(\alpha V_0, N, T) = \alpha C^{BS}(V_0, N/\alpha, T)$. Die letzte Ungleichung gilt, da *ceteris paribus* eine Kaufoption mit höherem Ausübungspreis $N/\alpha > N$ einen niedrigeren Wert hat. Für jeden inneren Wert von Δ ist also die Emission von riskantem Fremdkapital für den bisherigen Eigentümer des Unternehmens günstiger als die Emission von neuem Eigenkapital.

Tabelle 3.3: Parameterwerte für Kapitel 3.

Parameter	Wert
Investitionsbetrag	$I = 100$
Volatilität des Projektwerts	$\sigma = 0{,}2$
Marktfriktionsparameter	$\alpha = 0{,}8$
Risikoloser Zinssatz	$r = 0{,}03$
Restlaufzeit des riskanten Fremdkapitals	$T = 5$

In Abbildung 3.1 sind die Verläufe von EIC und DIC dargestellt. Sie veranschaulichen das Resultat, dass die beiden Funktionen an den Rändern zusammenfallen, jedoch für alle inneren Werte von Δ die Fremdkapital-Emissionskosten besser abschneiden. Weiter lässt sich dort die charakteristische Form der DIC ablesen: Sie sind stets konvex in der Finanzierungslücke Δ, und bei einer

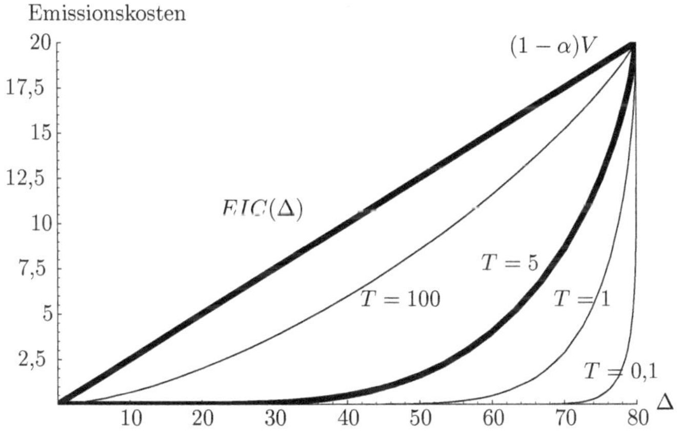

Abbildung 3.1: Vergleich von Eigen- und Fremdkapital-Emissionskosten.

Die Eigenkapital-Emissionskosten $EIC(\Delta)$ (obere dicke Linie) sowie die Fremdkapital-Emissionskosten $DIC(\Delta, V)$ sind als Funktionen des zur Investition fehlenden Betrags Δ dargestellt. Es wurden die Parameterwerte gemäß Tabelle 3.3 sowie $V = 100$ verwendet. Neben einer Restlaufzeit des Fremdkapitals von $T = 5$ (untere dicke Linie) sind noch die Verläufe für mehrere andere Belegungen von T abgetragen.

kurzen Restlaufzeit des Fremdkapitals bleiben sie auch für signifikant positive Δ lange nahe Null, bis sie dann schließlich spürbar zu steigen beginnen. Weiter ist gut zu erkennen, dass die Konvexität der DIC in der Restlaufzeit des Fremdkapitals fällt. Für sehr kurze Restlaufzeiten ist es fast sicher, in welchem Bereich sich der Projektwert bei Fälligkeit befinden wird. Deshalb betragen die Kosten im Extremfall $T \to 0$ entweder Null oder das Maximum, also $(1-\alpha)V$.[3] Dagegen nähern sich die DIC für sehr lange Restlaufzeiten den EIC an, da dann das Fremdkapital immer mehr Eigenkapitalcharakter bekommt.

Die für das in Abbildung 3.1 dargestellte numerische Beispiel verwendeten Parameterwerte gemäß Tabelle 3.3 sind aus der Arbeit von Boyle und Guthrie (2003) übernommen, soweit dort vorhanden, um im weiteren Verlauf mit jener Arbeit vergleichbare Ergebnisse zu erhalten. Dies trifft auf den Investitionsbetrag I, die Volatilität des Projektwerts σ, die Marktfriktion α und den risikolosen Zinssatz r zu. Für den einzigen neuen Parameter, nämlich die Restlaufzeit des riskanten Fremdkapitals, wird im folgenden beispielhaft ein Wert von $T = 5$ Jahren gewählt, also ein Wert, der weit von den beiden Randfällen entfernt ist.

3.5 Gemischte Emission

In diesem Abschnitt soll die Finanzierungsentscheidung für den Fall untersucht werden, dass der Eigentümer des Unternehmens sich teilweise durch eine Eigen- und teilweise durch eine Fremdkapital-Emission finanzieren darf. Weiterhin bezeichnet D den Erlös aus der Fremdkapitalemission und E denselben aus der Eigenkapitalemission. Damit die Investition tatsächlich in Folge auch durchgeführt werden kann, muss insgesamt gelten, dass $E + D \geq \Delta$.

[3] Für $T = 0$ werden die Kosten auch bei der größten gerade noch schließbaren Finanzierungslücke $\Delta = \alpha V$ noch Null betragen, da jede Unsicherheit ausgeschaltet ist. Dieser Fall, die Aufnahme von risikolosem Fremdkapital, ist aber annahmegemäß ausgeschlossen, es wird also nur $T \to 0$, $T > 0$ betrachtet.

Der gesamte Unternehmenswert nach Investition wird $V_0 - I + X + D + E = V_0 + D + E - \Delta$ betragen, aus Sicht der Externen jedoch nur $\alpha V_0 + D + E - \Delta$. Die Fremdkapitalgeber setzen für ihren Anspruch also einen Wert von

$$\min\{N, \alpha V_T + (D + E - \Delta)e^{rT}\}$$

an, da sie wissen, dass sie nur dann den Nennwert ihrer Anleihe erhalten, wenn er geringer ist als der Unternehmenswert in T. Zur Bewertung ist es wie in Abschnitt 3.3 hilfreich, den Wert des Eigenkapitals in $t = T$ heranzuziehen. Aus Sicht der Fremdkapitalgeber beträgt der Wert des **gesamten** Eigenkapitals in T

$$\max\{\alpha V_T + (D + E - \Delta)e^{rT} - N, 0\} = \max\{\alpha V_T - S, 0\}.$$

Sie bewerten also den heutigen Wert des Anspruchs der Eigenkapitalgeber als Kaufoption $C^{BS}(\alpha V_0, S, T)$ mit

$$S = N - (D + E - \Delta)e^{rT}. \tag{3.11}$$

Der Nennwert N der Nullkuponanleihe bzw. der Ausübungspreis S der Kaufoption nach (3.11) wird so bestimmt, dass die Zahlung D der Fremdkapitalgeber genau dem gesamten Unternehmenswert nach Investition abzüglich der Kaufoption der Eigenkapitalgeber, jeweils aus Sicht der Externen, entspricht:

$$D \stackrel{!}{=} \alpha V_0 + D + E - \Delta - C^{BS}(\alpha V_0, S, T)$$

Dies bedeutet, dass

$$C^{BS}(\alpha V_0, S, T) \stackrel{!}{=} \alpha V_0 + E - \Delta. \tag{3.12}$$

Somit wird der Ausübungspreis S wie in Abschnitt 3.3 unabhängig von D

gewählt. Die DIC betragen[4] analog zu (3.9)

$$DIC_m(E, \Delta, V_0) = V_0 - C^{BS}(V_0, S, T) + E - \Delta. \tag{3.13}$$

Nun wird der Anspruch der neuen Eigenkapitalgeber betrachtet. Sie bekommen einen Anteil von ω an der Kaufoption, der sich aus

$$E \overset{!}{=} \omega C^{BS}(\alpha V_0, S, T) = \omega(\alpha V_0 + E - \Delta) \tag{3.14}$$

ergibt zu

$$\omega = \frac{E}{\alpha V_0 + E - \Delta}.$$

Das Einsetzen von (3.12) in (3.14) ist zulässig, da die neuen Eigenkapitalgeber bei der Bewertung der Kaufoption dieselbe Fehlbewertung vornehmen wie die Fremdkapitalgeber. Man beachte, dass (3.14) exakt der Bedingung (3.2) entspricht. Somit lässt sich auch wie in (3.5) die Anforderung $\omega \leq 100\%$ in die übliche Finanzierungsbeschränkung $\Delta \leq \alpha V_0$ überführen, ganz unabhängig davon, dass ein Teil der Finanzierungslücke Δ durch Aufnahme von Fremdkapital geschlossen wird.

Die EIC betragen hier, wiederum abgeleitet aus der Differenz zwischen dem tatsächlichen Anspruch der neuen Eigenkapitalgeber und deren Ausgleichszahlung an den bisherigen Eigentümer,

$$EIC_m(E, \Delta, V_0) = \omega C^{BS}(V_0, S, T) - E. \tag{3.15}$$

Somit sind die gesamten entstehenden Kosten TIC (für *Total Issuance Costs*)

[4]Hierbei soll das Subskript m die Ergebnisse bei gemischter Emission von denen bei Einzelbetrachtung in den Abschnitten 3.2 und 3.3 absetzen.

nach (3.13) und (3.15):

$$\begin{aligned} TIC(E,\Delta,V_0) &= EIC_m(E,\Delta,V_0) + DIC_m(E,\Delta,V_0) \\ &= V_0 - (1-\omega)C^{BS}(V_0,S,T) - \Delta. \end{aligned} \tag{3.16}$$

Das Ziel des bisherigen Eigentümers wird es sein, durch die Wahl von E diesen Wert zu minimieren. Ähnlich wie in Abschnitt 3.3 sind die Kosten tatsächlich unabhängig von der Wahl von D, da die Variablen S und ω gemäß (3.12) und (3.14) unabhängig von D sind. Auch hier ergibt also das Einbringen einer zusätzlichen Sicherheit keinen Vorteil. Deshalb wird im folgenden ohne Beschränkung der Allgemeinheit

$$D + E \equiv \Delta$$

gewählt. Durch das riskante Fremdkapital wird also genau die neben der Eigenkapitalemission verbleibende Finanzierungslücke gedeckt. Ähnlich wie in Abschnitt 3.3 vereinfacht sich dann auch (3.11) zu $S = N$ und (3.13) zu

$$DIC_m(E,\Delta,V_0) = V_0 - C^{BS}(V_0,N,T) + E - \Delta.$$

Die Eigenkapital-Emissionskosten (3.15) werden zu

$$EIC_m(E,\Delta,V_0) = \omega C^{BS}(V_0,N,T) - E. \tag{3.17}$$

Abbildung 3.2 zeigt die entstehenden Kostenverläufe bei gemischter Emission. Für ein festes Δ wird ersichtlich, dass stets die günstigste Alternative ist, $E = 0$ zu wählen, also die gesamte Finanzierungslücke durch riskantes Fremdkapital zu schließen. Dieses Ergebnis kann auch analytisch verifiziert werden:

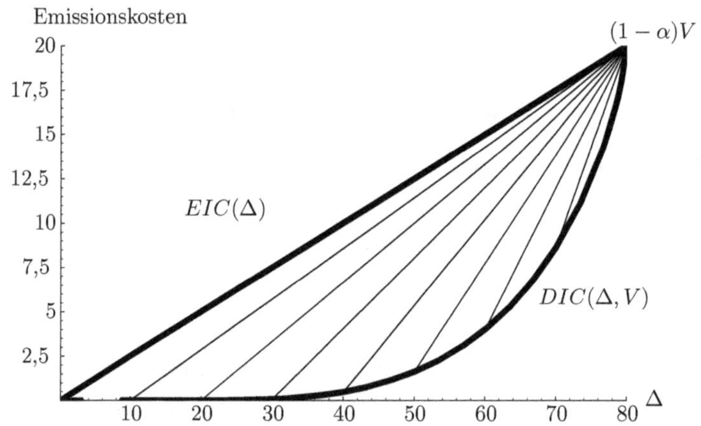

Abbildung 3.2: Kosten bei gemischter Emission.

Die gesamten Finanzierungskosten $TIC(D, E, V)$ sind für verschiedene Mengen an Fremdkapital D, in Schritten von 10 Geldeinheiten erhöht, und darauf aufbauend variierende Eigenkapitalmengen E für einen gegebenen Finanzierungsbedarf $\Delta = D + E$ dargestellt. Weiter sind die aus Abbildung 3.1 bekannten Fremdkapital-Emissionskosten $DIC(\Delta, V)$ (untere dicke Linie) sowie die Eigenkapital-Emissionskosten $EIC(\Delta)$ (obere dicke Linie) als Funktion von Δ abgetragen. Es wurden die Parameterwerte gemäß Tabelle 3.3 sowie $V = 100$ verwendet.

Die gesamten Finanzierungskosten (3.16) lassen sich umschreiben als

$$TIC(E, \Delta, V_0) = \omega(1-\alpha)V_0 + (1-\omega)DIC_m(E, \Delta, V_0).$$

Wie auch aus Abbildung 3.2 hervor geht, ergeben sich also die TIC als Linearkombination aus den DIC für die gewählte Menge E an Eigenfinanzierung und den maximal möglichen Finanzierungskosten $(1-\alpha)V_0$. Dabei berechnet sich der Gewichtungsfaktor ω nach (3.17) genau aus dem genutzten Anteil an Eigenfinanzierung relativ zu der maximal möglichen Menge.

Um die optimale Aufteilung zwischen D und E zu ermitteln, soll davon ausgegangen werden, dass ausgehend von einer bestimmten Menge D entschieden werden soll, ob ein nötiger Betrag $\Delta > D$ durch Erhöhung von D auf Δ oder durch Eigenkapitalemission in Höhe von $E = \Delta - D$ finanziert werden soll. Dies ist dann gleichbedeutend mit der Entscheidung, ob sich das Unternehmen in Abbildung 3.2 besser auf der DIC-Linie oder auf einer der von einem Punkt der DIC-Linie nach $(1-\alpha)V_0$ laufenden Geraden nach rechts bewegen sollte.

Wegen der Konvexität der DIC fällt die Entscheidung stets zugunsten der ersten Variante aus, d.h. der Wahl von $\omega = E = 0$ und einer reinen Finanzierung der gesamten Finanzierungslücke Δ durch Fremdkapital. Somit gibt also, auch wenn gemischte Emission zulässig wäre, die DIC-Gleichung (3.9) die letztlich relevanten Finanzierungskosten an.

3.6 Diskussion der Finanzierungsalternativen

Insgesamt wurde gezeigt, dass das Unternehmen zur Aufbringung des Investitionsbetrags I stets zuerst seine internen liquiden Mittel vollständig nutzt und nur den minimal möglichen Betrag durch Außenfinanzierung aufbringt, statt einen Teil liquider Mittel als zusätzliche Sicherheit im Unternehmen zu belassen. Weiter emittiert es zur Deckung des verbleibenden Finanzierungsbedarfs Δ lieber riskantes Fremdkapital als neues Eigenkapital. Letzteres ist auch dann der Fall, wenn das Unternehmen die Möglichkeit hat, die beiden Finanzierungsalternativen beliebig zu mischen. Dies ist konsistent mit der durch Myers und Majluf (1984) als *Pecking-Order* bekannt gewordenen Reihenfolge bei der Wahl zwischen Finanzierungsalternativen, die ebenfalls Informationsasymmetrie als Marktfriktion unterstellt.[5]

Zur Ableitung dieses Ergebnisses wurde hier eine einheitliche Unterbewertung des Projektes durch alle Externen, also sowohl Eigenkapital- als auch Fremdkapitalgeber, unterstellt. Trotzdem wirkt sich diese Unterbewertung bei der Emission von neuem Eigenkapital stärker aus, was die Emission von riskantem Fremdkapital für den bisherigen Eigentümer vorteilhafter macht. Das liegt daran, dass bei der Eigenkapitalemission der bisherige Eigentümer im Wesentlichen einen Anteil seiner unterbewerteten Vermögensgegenstände an die Externen verkauft. Somit kommt die Unterbewertung für diesen Anteil vollständig zum Tragen.

Dagegen ist bei der Emission von riskantem Fremdkapital die Unterbewertung stets nur in denjenigen zukünftigen Zuständen relevant, in denen die Externen Ausfall erwarten. In allen Zuständen, in denen die Externen richtigerweise erwarten, dass ihr Nennwert vollständig zurückbezahlt wird, ist es nicht mehr entscheidend, wie weit der Projektwert den Nennwert übersteigt – schließlich werden die Fremdkapitalgeber nicht über den Nennwert hinaus am Erfolg des Unternehmens beteiligt. Je größer aber der Betrag, der durch Fremdfinanzierung aufgebracht wird, um so mehr Wahrscheinlichkeitsgewicht erhalten die Zustände, in denen die Externen Ausfall erwarten. Deshalb konvergieren im Modellrahmen die DIC und die EIC, wenn der zu finanzierende Betrag gegen sein Maximum von αV strebt. Ebenso gibt es diese Konvergenz, wenn die Restlaufzeit des Fremdkapitals gegen unendlich geht, da dann das Fremdkapi-

[5] Vgl. auch Wohlschiess (1996) für eine anschauliche Darstellung von Myers und Majluf (1984) und anderen Arbeiten zur Unternehmensfinanzierung bei Informationsasymmetrie.

tal immer mehr Eigenkapitalcharakter bekommt.

Obwohl die reine Eigenkapitalemission von der reinen Emission riskanten Fremdkapitals dominiert wird, sollen beide weiterhin betrachtet werden. Die Motivation hierfür ist, dass ein Unternehmen möglicherweise keinen oder nur beschränkten Zugang zum Markt für Fremdkapital hat und deshalb auf Eigenkapitalemission angewiesen ist. Sowohl für die reine Eigenkapitalemission, als auch für die reine Emission riskanten Fremdkapitals, und selbst für die im folgenden nicht mehr betrachtete gemischte Emission gilt stets die Mengenbeschränkung

$$\omega = \frac{\Delta}{\alpha V} \leq 100\%. \tag{3.18}$$

3.7 Verallgemeinerte Emissionskosten-Funktion

Da für den Nennwert des Fremdkapitals bei den zuvor im Rahmen von Merton (1974) abgeleiteten Fremdkapital-Emissionskosten DIC keine geschlossene Lösung existiert, soll für die folgenden Untersuchungen eine analytische Näherung der DIC eingeführt werden. Ab sofort wird stets eine verallgemeinerte Emissionskosten-Funktion IC verwendet, die definiert sei als

$$IC_k(\Delta, V, \alpha) = \left(\frac{\max\{\Delta, 0\}}{\alpha V}\right)^k (1-\alpha)V \quad \text{für} \quad \Delta \leq \alpha V, \quad \text{mit} \quad k \geq 1. \tag{3.19}$$

Diese Funktion steigt in der Finanzierungslücke Δ, wobei Kosten von Null für $\Delta = 0$ und ein Maximalwert von $(1-\alpha)V$ für $\Delta = \alpha V$ erreicht werden. Gemäß der Mengenbeschränkung (3.18) ist für $\Delta > \alpha V$ keine Finanzierung möglich. Weiter steigt IC im Grad der Marktfriktion, d.h. sie ist fallend in α, während gleichermaßen die Mengenbeschränkung im Grad der Marktfriktion steigt, da die Obergrenze αV mit steigendem α weniger beschränkend wirkt. Für $\alpha \to 1$

verschwinden die Marktfriktionen. Dann gibt es keine Finanzierungskosten, und auch die Mengenbeschränkung ist nicht mehr bindend – es kann investiert werden, wann immer dadurch kein negativer Unternehmenswert entsteht.

Der Parameter k bestimmt den Charakter der Kostenfunktion: Für $k = 1$ ergibt sich

$$EIC(\Delta, \alpha) = IC_1(\Delta, V, \alpha) = \frac{1-\alpha}{\alpha} \cdot \max\{\Delta, 0\}, \tag{3.20}$$

also exakt die gemäß (3.6) abgeleiteten Eigenkapital-Emissionskosten, die linear in der Finanzierungslücke Δ und unabhängig vom Projektwert V sind.

Für $k > 1$ dagegen lässt sich (3.19) als analytische Näherung der gemäß (3.9) abgeleiteten Fremdkapital-Emissionskosten interpretieren:

$$DIC_k(\Delta, V, \alpha) = IC_k(\Delta, V, \alpha) = \left(\frac{\max\{\Delta, 0\}}{\alpha V}\right)^k (1-\alpha)V \quad \text{mit} \quad k > 1. \tag{3.21}$$

Diese Funktion ist konvex in Δ, wie auch die ursprünglichen DIC, wobei die Konvexität im Parameter k steigt. Weiter ist die Funktion fallend in V und nähert sich Null an für $V \to \infty$. Dies ist sinnvoll, da der Projektwert V gemäß der Modellierung in Abschnitt 3.3 als Sicherheit für das riskante Fremdkapital dient.

Abbildung 3.3 zeigt die aus IC abgeleiteten Eigen- und Fremdkapital-Emissionskosten für typische Parameterwerte. Der Vergleich zweier verschiedener Werte für den Marktfriktionsparameter α bestätigt, dass IC und die Mengenbeschränkung im Grad der Marktfriktion steigen. Weiter ist ersichtlich, dass die Konvexität der DIC_k im Parameter k steigt. Das konkrete k kann dann passend zu der gewünschten Restlaufzeit T so gewählt werden, dass die ursprünglichen DIC (vgl. Abbildung 3.1) möglichst gut getroffen werden. Deren Konvexität hängt nämlich von der Restlaufzeit des Fremdkapitaltitels ab, die Wahl eines bestimmten k kann somit als Approximation an eine ursprüngliche

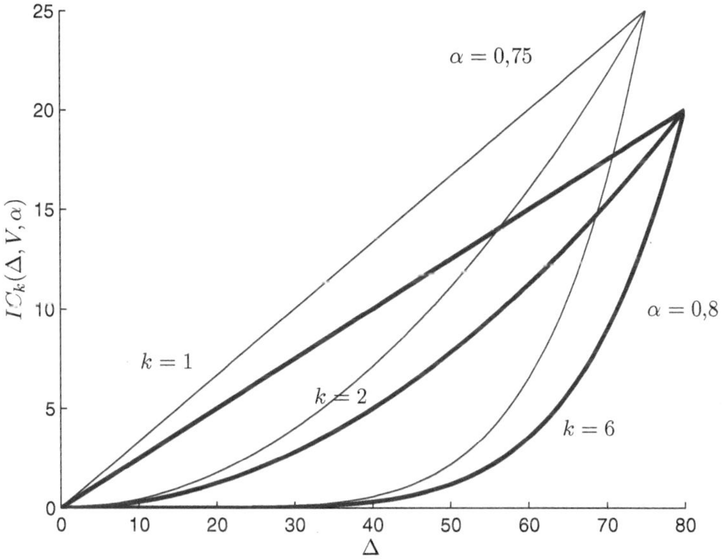

Abbildung 3.3: Verallgemeinerte Emissionskosten-Funktion.

Die verallgemeinerte Emissionskosten-Funktion $IC_k(\Delta, V, \alpha)$ ist als Funktion der Finanzierungslücke Δ dargestellt. Die verwendeten Parameterwerte sind $V = 100$, sowie $\alpha = 0{,}8$ (dicke Linien) und $\alpha = 0{,}75$ (dünne Linien). Weiter werden die Fälle $k = 1$, was den Eigenkapital-Emissionskosten EIC entspricht, sowie $k = 2$ und $k = 6$, also zwei Fälle von Fremdkapital-Emissionskosten DIC_k mit unterschiedlicher Konvexität, unterschieden.

DIC-Funktion mit einer bestimmten Restlaufzeit interpretiert werden. Wie auch die ursprünglichen DIC sind die DIC_k stets geringer als die EIC, außer für die Extremwerte $\Delta = 0$ und $\Delta = \alpha V$, bei denen sie zusammenfallen. Die *Pecking-Order*, nach der das Unternehmen lieber riskantes Fremdkapital emittiert als neues Eigenkapital, gilt also weiterhin.

Kapitel 4

Investment-Timing bei Finanzierungsbeschränkungen

Dieses Kapitel untersucht die Frage, wie sich Finanzierungsbeschränkungen gemäß Kapitel 3 auf die Investitionsentscheidung eines Unternehmens auswirken.[1] Die meisten existierenden Arbeiten nehmen als gegeben an oder leiten in einem statischen Modellrahmen ab, dass stärkere Finanzierungsbeschränkungen stets zu einem geringeren Investitionsvolumen führen.[2] Dagegen greift die vorliegende Arbeit die in Kapitel 2 analysierte Wahl des optimalen Investitionszeitpunkts auf, analysiert also eine dynamische Investitionsentscheidung.

Die wichtigste daraus resultierende Veränderung ist, dass stärkere Finanzierungsbeschränkungen nicht mehr unbedingt zu einem geringeren Investitionsvolumen führen. Vielmehr können Beschränkungen das Unternehmen ebenso dazu motivieren, weniger lange den Wert des Wartens seiner Investitionsoption auszunutzen, um statt dessen durch Vorziehen der Investition späteren Beschränkungen zu entgehen. Dabei führt es dann die Investition bereits in einem Zustand durch, in dem ein Unternehmen in einer vollkommenen Welt

[1] Dieses Kapitel folgt weitgehend Hirth und Uhrig-Homburg (2007b).

[2] Dies trifft auch im Modellrahmen der vorliegenden Arbeit zu, sofern keine Möglichkeit besteht, die Investition zeitlich zu verschieben, also eine *Now-Or Never*-Investitionsmöglichkeit betrachtet wird. Vgl. hierzu Anhang A.6.

die Investition noch aufschieben würde.

Jedoch ist auch in einer dynamischen Betrachtung das Investitionsvolumen nichtmonoton in den Finanzierungsbeschränkungen. Während das Vorziehen der Investition aufgrund der Antizipation späterer Beschränkungen geschieht, müssen letztere abgewogen werden gegen die Kosten durch die aktuellen Beschränkungen. Diese erlangen mit zunehmendem Grad der Beschränktheit relativ zu den späteren Beschränkungen eine größere Bedeutung. Deshalb führen stärkere Beschränkungen zwar für Unternehmen mit großem Bestand an liquiden Mitteln zu einem stärkeren Vorziehen von Investitionen. Jedoch wird im folgenden gezeigt, dass sich bei einem sehr niedrigen Bestand an liquiden Mitteln dieses Verhalten umkehrt, und stärkere Beschränkungen wiederum zu der endogenen Entscheidung führen, günstigere Investitionsbedingungen abzuwarten.

4.1 Modellrahmen

Es wird wiederum das in Kapitel 2 vorgestellte Entscheidungsproblem über den optimalen Investitionszeitpunkt aufgegriffen. Wie dort folgt der Projektwert V der Geometrisch-Brownschen Bewegung (2.1), also

$$dV = (\mu - \delta)Vdt + \sigma VdW.$$

Die Investitionsoption des Unternehmens besteht darin, durch Zahlung des Investitionsbetrags I den Wert V zu erhalten. Während jedoch das Unternehmen in einer vollkommenen Welt stets die Möglichkeit hat, den Betrag I aufzubringen, soll hier untersucht werden, welche Konsequenzen es hat, wenn das Unternehmen einer Mengenbeschränkung unterliegt, ihm also nur in beschränktem Umfang Mittel zur Verfügung stehen, und darüber hinaus die Finanzierungskosten des Unternehmens über denen in einer vollkommenen Welt liegen können. Ein Spezialfall, in dem das Unternehmen nur einer Mengenbeschränkung, jedoch keinen Finanzierungskosten unterliegt, wurde von Boyle und Guthrie (2003) eingeführt.

Dem Unternehmen stehen liquide Mittel in Höhe von X zur Verfügung, jedoch wird im Folgenden auch die Dynamik der liquiden Mittel modelliert. Es soll gelten, dass das Unternehmen neben seiner Investitionsoption und den liquiden Mitteln noch existierendes Anlagevermögen mit Wert G besitze. Das Anlagevermögen liefere einen Rückfluss $\nu Gdt + \phi GdZ$, wobei ν und ϕ konstante Parameter und Z ein Wiener-Prozess sind, und die beiden Wiener-Prozesse W und Z mit dem Koeffizienten $\rho \in [-1, 1]$ korreliert sind. Während sich der Wert von G im Zeitablauf nicht ändert, mehrt oder mindert dessen Rückfluss jeweils die liquiden Mittel X, so dass diese der Dynamik

$$dX = rXdt + \nu Gdt + \phi GdZ \tag{4.1}$$

folgen. Darin steckt die Annahme, dass die liquiden Mittel selbst risikolos angelegt sind und sich demnach risikolos verzinsen. Umgekehrt zahlt das Unternehmen auch den Zinssatz r, wenn X negativ ist, d.h. es bekommt dann einen kurzfristigen risikolosen Kredit. Dies lässt sich dadurch rechtfertigen, dass das Unternehmen sofort liquidiert werden kann, wenn der Wert des risikolosen Kredits den der veräußerbaren Vermögensgegenstände erreicht. Damit ist der Kredit tatsächlich risikolos, da immer genügend haftendes Kapital vorhanden ist.

Bei der Abbildung des Kreditrisikos in Strukturmodellen wie Merton (1974) gibt es für sehr kurze Restlaufzeiten ebenfalls keine Kreditrisikoprämie. Das bedeutet, dass für einen Kredit lediglich der risikolose Zinssatz bezahlt werden muss. In jenem wie auch in dem vorliegenden Modellrahmen ist das tatsächlich korrekt, da die zugrundeliegenden Prozesse stetige Pfade haben. Somit ist es fast sicher, dass während des betrachteten Zeithorizonts kein Ausfall auftreten kann. Jedoch wird in der Realität selbst für kurze Restlaufzeiten und ausreichend haftendes Kapital für ein grundsätzlich ausfallbehaftetes Instrument eine positive Kreditrisikoprämie zu beobachten sein. Dies kann beispielsweise dadurch erklärt werden, dass die Modellierung des Wertes der Aktiva über einen stetigen Prozess problematisch ist. Schließlich kann durch unvorhergesehene Ereignisse ein sprunghafter Abfall des Unternehmenswertes auftreten, welcher einen unerwarteten Ausfall des Instrumentes nach sich zieht. Eine mögliche Modellerweiterung wäre also die Integration einer Sprungkomponente im stochastischen Prozess des Underlyings.

Welchen Wert haben die veräußerbaren Vermögensgegenstände bei Liquidation? Wie schon zur Motivation der Finanzierungskosten in Kapitel 3 wird angenommen, dass externe Investoren dem Projekt lediglich einen Wert αV mit $\alpha \in [0, 1)$ beimessen.[3] Bei Liquidation kann deshalb die Investitionsoption nicht zu dem Wert $F^e(V)$ verkauft werden, den sie in einer vollkommenen Welt hätte (vgl. Kapitel 2), sondern lediglich zu $F^e(\alpha V)$. Somit kann das Unternehmen fortbestehen, solange

$$X + G + F^e(\alpha V) > 0, \tag{4.2}$$

und der maximale risikolose Kredit in Form von negativen liquiden Mitteln beträgt demnach $G+F^e(\alpha V)$. Auch wenn (4.2) erfüllt ist, kann das Unternehmen freiwillig liquidiert werden. Dann erhält der Eigentümer des Unternehmens gerade den Betrag $X + G + F^e(\alpha V)$, wobei die Fremdkapitalgeber im Fall von negativen liquiden Mitteln aus dem Liquidationserlös $G + F^e(\alpha V)$ den Betrag $|X|$ erhalten. Aufgrund dessen, dass eine freiwillige Liquidation möglich ist, stellt der Liquidationswert der Investitionsoption, $F^e(\alpha V)$, stets eine Untergrenze für den Wert der Investitionsoption des finanzierungsbeschränkten Unternehmens dar.

[3] Zur Vereinfachung wird hier bei Liquidation dieselbe Marktfriktion α angesetzt wie bei Außenfinanzierung. Bei Bedarf ließe sich aber auch ein separater Parameter einführen.

Wenn das Unternehmen sich entschließt, sein Investitionsprojekt umzusetzen, muss der Betrag I aufgebracht werden. Wie im *Now-or-Never*-Fall unterliegt es bei der Finanzierung einer Mengenbeschränkung. Neben der Verwendung der liquiden Mittel X als Finanzierungsquelle ohne Finanzierungskosten gibt es jedoch nun zusätzlich noch die Möglichkeit, die Investition teilweise über risikoloses Fremdkapital zu finanzieren, wobei das existierende Anlagevermögen mit Wert G als Sicherheit dient.[4] Dieses unterliegt keinerlei Friktionen, auch externe Investoren messen ihm den Wert G bei. Lediglich die Finanzierungslücke

$$\Delta = I - (X + G) \tag{4.3}$$

muss noch anderweitig aufgebracht werden. Hierzu wird der Projektwert V nach Investition herangezogen, den die Externen aufgrund von Marktfriktionen aber nur zum Anteil α anerkennen. Somit lautet die Obergrenze für das projektwertbasierte Finanzierungsvolumen, dass $\Delta \leq \alpha V$. Letztlich gilt also weiterhin die Mengenbeschränkung (3.18), nach der

$$\omega = \frac{\Delta}{\alpha V} \leq 100\%, \tag{4.4}$$

allerdings ist jetzt Δ gemäß (4.3) definiert. Sobald auch der Projektwert zur Finanzierung mit Hilfe von neuem Eigenkapital oder riskantem Fremdkapital herangezogen wird, also $\omega > 0$, entstehen Finanzierungskosten, die gemäß der in Abschnitt 3.7 eingeführten verallgemeinerten Emissionskosten-Funktion definiert seien. Deshalb präferiert das Unternehmen die Finanzierung über liquide Mittel und risikoloses Fremdkapital gegenüber den auf dem Projektwert aufbauenden Finanzierungsvarianten.

Zusammenfassend zeigt Abbildung 4.1, welche Investitions- und Finanzierungsbedingungen für einen durch liquide Mittel X und Projektwert V vollständig

[4] Falls zum Investitionszeitpunkt bereits $X < 0$, d.h. ein Teil von G bereits zur Erlangung eines kurzfristigen risikolosen Kredits verwendet wurde, dann kann nur noch der verbleibende Betrag beliehen werden.

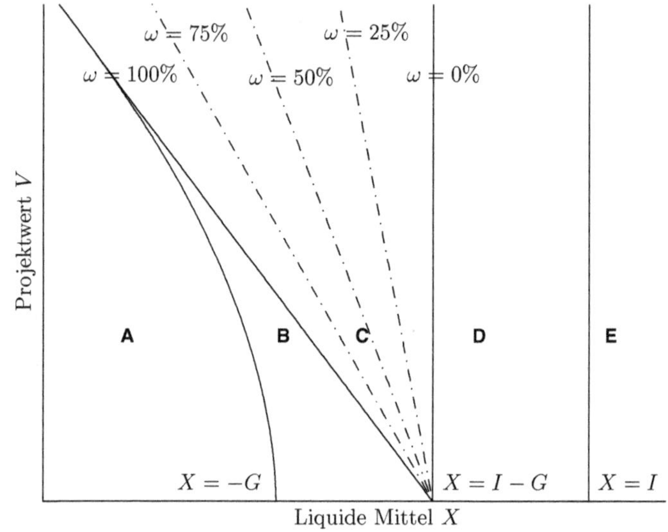

Abbildung 4.1: Zustandsraum – Investitions- und Finanzierungsbedingungen.

Im zweidimensionalen Zustandsraum der beiden Zustandsvariablen liquide Mittel X und Projektwert V gibt es fünf Bereiche, die sich durch unterschiedliche Investitions- und Finanzierungsbedingungen auszeichnen. In Bereich A wird das Unternehmen sofort liquidiert. In Bereich B greift die Mengenbeschränkung. In Bereich C kann investiert werden, es entstehen aber Finanzierungskosten. Dagegen entstehen in den Bereichen D und E keine Finanzierungskosten. Während in Bereich D ein risikoloser Kredit in Anspruch genommen werden muss, kann in Bereich E allein aus den liquiden Mitteln die Investition finanziert werden. Innerhalb des Bereichs C geben die gepunktetgestrichelten Linien (X, V)-Kombinationen an, bei denen für eine sofortige Investition ein jeweils gleicher Anteil ω der maximalen Finanzierungskapazität genutzt werden müsste.

bestimmten Zustand gelten. In Bereich E kann der Investitionsbetrag I vollständig aus den liquiden Mitteln X finanziert werden. In Bereich D gilt immerhin noch $X + G > I$, d.h. $\omega < 0$, was bedeutet, dass externe Mittel nur über risikoloses Fremdkapital aufgenommen werden müssen, also immer noch keine Finanzierungskosten zu Buche schlagen. Man beachte, dass in der dynamischen Sichtweise ein solches Unternehmen trotzdem nicht zwangsläufig die Investitionsentscheidung wie ein unbeschränktes Unternehmen trifft, d.h. die Investitionsschwellen werden im allgemeinen auch in diesen Bereichen voneinander abweichen. Es gibt zwar gegenwärtig weder bindende Mengenbeschränkungen noch Kosten, allerdings kann die Berücksichtigung von zukünftigen Beschränkungen ein abweichendes Verhalten verursachen. In Bereich C liegt ω zwischen Null und 100%, hier treten bei sofortiger Investition Kosten gemäß (3.19) auf. Für diesen Bereich zeigen die Strich-punktierten Linien Zustände mit einem identischen Ausschöpfungsgrad ω an. Der Ausschöpfungsgrad steigt also mit der Drehung um den Ursprung (0/0) gegen den Uhrzeigersinn. Schließlich kennzeichnet der Bereich B die Zustände, in denen aktuell die Mengenbeschränkung bindend ist und nicht investiert werden kann. In Bereich A ist Bedingung (4.2) verletzt, und es kommt zu sofortiger Liquidation.

4.2 Entscheidung über den optimalen Investitionszeitpunkt

Im folgenden werden drei unterschiedliche finanzierungsbeschränkte Unternehmen ci ($i = q, d, e$) analysiert.[5] Das Unternehmen cq (für *quantity constrained*) unterliegt nur der Mengenbeschränkung (4.4), jedoch keinen Finanzierungskosten, und wurde erstmals von Boyle und Guthrie (2003) vorgestellt. Die Unternehmen cd (für *constrained, debt issuance*) und ce (für *constrained, equi-*

[5] Dieselben werden auch in Anhang A.6 für den Fall der *Now-or-Never*-Investition betrachtet.

ty issuance) unterliegen derselben Mengenbeschränkung, haben darüber hinaus aber auch noch Finanzierungskosten aufgrund einer Fremd- bzw. Eigenkapitalemission zu tragen. Weiter werden die finanzierungsbeschränkten Unternehmen mit dem Unternehmen in einer vollkommenen Welt (Superskript e) verglichen, welches auf McDonald und Siegel (1986) zurück geht und in Kapitel 2 eingeführt wurde.

Die Investitionsentscheidung des Unternehmens ci lässt sich als folgendes Entscheidungsproblem beschreiben: Wähle die Investitionsschwelle $V_I^{ci}(X)$ unter der Nebenbedingung (4.4), so dass die Strategie "Investiere sofort, wenn $V \geq V_I^{ci}(X)$, sonst warte" den Wert der Investitionsoption maximiert. Gleichzeitig maximiert sie auch den Gesamtwert des Anspruchs des Eigentümers, da die Werte von X und G unabhängig von der Entscheidung sind.

Während das grundsätzliche Konzept der Investitionsschwelle und deren Zusammenhang zum *Investment-Timing* bereits aus Kapitel 2 bekannt sind, ist hier zu beachten, dass die Schwellen $V_I^{ci}(X)$ aufgrund der Finanzierungsbeschränkung des Unternehmens Funktionen der liquiden Mittel sind. Weiter hängt ihr Verlauf stark vom Grad der Marktfriktionen ab, denen das Unternehmen ausgesetzt ist. Im Gegensatz zu der Schwelle in einer vollkommenen Welt spiegeln die $V_I^{ci}(X)$ nicht nur die Abwägung zwischen entgangenen *Cash-Flows* bei Aufschub der Investition und *Sunk Costs* bei Investition in ein langfristig unvorteilhaftes Projekt wider. Außerdem gehen sowohl gegenwärtige als auch zukünftige Finanzierungsbeschränkungen in die Schwellen ein.

Die jeweiligen Ausübungswerte $\bar{F}^{ci}$, also die Optionswerte für $V \geq V_I^{ci}(X)$ $(i = q, d, e)$, sind dabei gegeben durch

- $\bar{F}^{cq}(X, V) = V - I$,

- $\bar{F}^{cd}(X, V) = V - I - DIC_k(\Delta, V, \alpha)$ mit DIC gemäß (3.21) und Δ gemäß (4.3) und

- $\bar{F}^{ce}(X,V) = V - I - EIC(\Delta, \alpha)$ mit EIC gemäß (3.20) und Δ gemäß (4.3).

Im Wartebereich, d.h. für $V < V_I^{ci}(X)$, genügt $F^{ci}(X,V)$ der partiellen Differentialgleichung

$$\frac{1}{2}\sigma^2 V^2 F^{ci}_{VV} + \rho\sigma\phi V G F^{ci}_{VX} + \frac{1}{2}\phi^2 G^2 F^{ci}_{XX} + (r-\delta)V F^{ci}_V + r(X+G)F^{ci}_X = rF^{ci}. \tag{4.5}$$

Zur Ableitung dieser Gleichung (siehe Anhang A.7) wird analog zu Kapitel 2 angenommen, dass das Risiko des Projektwerts V und des Rückflusses aus dem existierenden Anlagevermögen G handelbar ist.

Zur Lösung von (4.5) sind neben den Ausübungswerten $\bar{F}^{ci}$ folgende weitere Randbedingungen nötig: Wenn das zugrundeliegende Projekt wertlos ist ($V = 0$), dann hat auch die Option, in dieses zu investieren, keinen Wert, also

$$F^{ci}(X,0) = 0 \quad \forall X. \tag{4.6}$$

Diese Randbedingung entspricht (2.3), sie ist also unabhängig vom Bestand an liquiden Mitteln X weiterhin gültig. Sobald die Liquidationsgrenze erreicht wird, also (4.2) nicht mehr erfüllt ist, tritt zwangsläufig Liquidation ein. Dann hat die Option nur noch den Liquidationswert, also

$$F^{ci}(X,V) = F^e(\alpha V) \quad \forall X < -[G + F^e(\alpha V)]. \tag{4.7}$$

Wenn umgekehrt die liquiden Mittel einen so großen Bestand erreichen, dass die Wahrscheinlichkeit, jemals in der Zukunft einer greifenden Finanzierungsbeschränkung ausgesetzt zu sein, vernachlässigbar wird, so erreicht der Optionswert den eines unbeschränkten Unternehmens:

$$\lim_{X\to\infty} F^{ci}(X,V) = F^e(V). \tag{4.8}$$

Mit den genannten Randbedingungen kann (4.5) nun gelöst werden. Da die beiden Zustandsvariablen X und V über die Randbedingungen miteinander verknüpft sind, und da außerdem (4.5) für $\rho \neq 0$ einen Kreuzterm für die Korrelation der Zustandsvariablen enthält, ist eine analytische Lösung z.B. durch Separation der Variablen nicht möglich. Es wurde daher ein numerisches Finite-Differenzen-Verfahren zur Lösung verwendet (siehe Anhang A.8). Die Lösung ergibt, neben dem aktuellen Optionswert $F^{ci}(X, V)$ für jeden möglichen aktuellen (X, V)-Zustand, auch den vom Unternehmen selbst gewählten freien Randwert der Differentialgleichung. Dieser Randwert, die Investitionsschwelle $V_I^{ci}(X)$, steht im folgenden im Zentrum des Interesses.

4.3 Analyse der optimalen Investitionsschwellen

Hier sollen die optimalen Investitionsschwellen $V_I^{ci}(X)$ $(i = q, d, e)$ der drei unterschiedlichen finanzierungsbeschränkten Unternehmen untersucht werden. Die hierfür verwendeten Parameterwerte sind, so weit nicht anders angegeben, in Tabelle 4.1 zu finden. Zur besseren Vergleichbarkeit wurden soweit möglich dieselben Parameterwerte wie in Kapitel 3 sowie in der Arbeit von Boyle und Guthrie (2003) gewählt.

Die optimalen Investitionsschwellen sind in Abbildung 4.2 dargestellt. Der aus Abbildung 4.1 bekannte Bereich C, innerhalb dessen sofortige Investition für die drei finanzierungsbeschränkten Unternehmen möglich ist, aber bei *cd* und *ce* Finanzierungskosten verursacht, wird durch zwei ω-Geraden begrenzt: Für $\omega > 100\%$ können die finanzierungsbeschränkten Unternehmen nicht sofort investieren, und für $\omega < 0\%$ fallen aktuell keine Finanzierungskosten an. Die Investitionsschwelle des Unternehmens in der vollkommenen Welt, V_I^e, verläuft als horizontale Gerade, da sie unabhängig vom Bestand an liquiden Mitteln

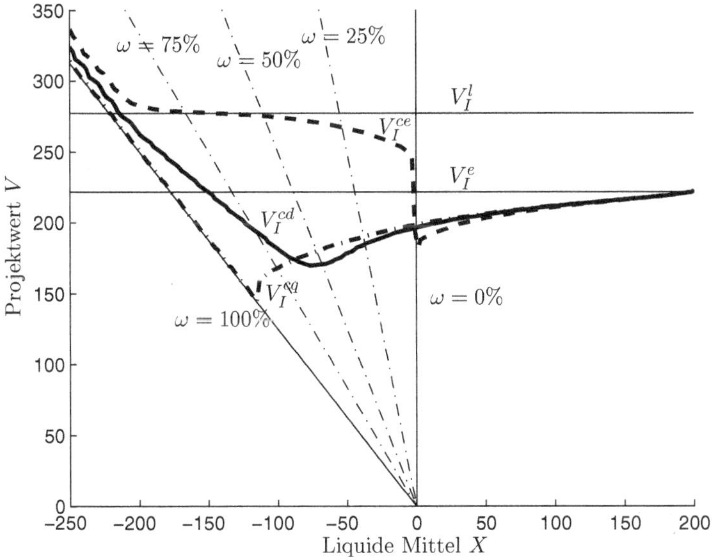

Abbildung 4.2: Investitionsschwelle bei *Investment-Timing* und Finanzierungsbeschränkungen.

Die Investitionsschwellen von drei unterschiedlichen finanzierungsbeschränkten Unternehmen sind dargestellt als Funktionen des Bestands X an liquiden Mitteln. Es handelt sich um die Schwellen des rein mengenbeschränkten Unternehmens ($V_I^{cq}(X)$, gepunktet-gestrichelt), sowie jene von Unternehmen, welche Finanzierungskosten aufgrund einer Fremd- bzw. Eigenkapitalemission tragen müssen ($V_I^{cd}(X)$, durchgezogen, bzw. $V_I^{ce}(X)$, gestrichelt). Außerdem sind noch mehrere Linien mit konstantem ω eingetragen (dünn gepunktet-gestrichelt), die bereits von Abbildung 4.1 bekannt sind, sowie die Investitionsschwellen des unbeschränkten Unternehmens (V_I^e) und nach Liquidation (V_I^l). Die verwendeten Parameterwerte finden sich in Tabelle 4.1.

Tabelle 4.1: Parameterwerte für Kapitel 4.

Die Unterteilung trennt die bereits in Tabelle 3.3 eingeführten (obere Hälfte) und die erst hier in Kapitel 4 gebrauchten Parameterwerte (untere Hälfte).

Parameter	Wert
Investitionsbetrag	$I = 100$
Volatilität des Projektwerts	$\sigma = 0{,}2$
Marktfriktionsparameter	$\alpha = 0{,}8$
Risikoloser Zinssatz	$r = 0{,}03$
Konvexität des riskanten Fremdkapitals	$k = 6$
Cash-Flow-Rate des Projektes	$\delta = 0{,}03$
Korrelation von Projektwert und *Cash-Flow*	$\rho = 0{,}5$
Cash-Flow-Volatilität	$\phi = 0{,}6$
Wert des existierenden Anlagevermögens	$G = 100$

ist.

Die Investitionsschwelle des rein mengenbeschränkten Unternehmens, $V_I^{cq}(X)$, verhält sich genau entgegengesetzt zu den meisten existierenden Arbeiten, in denen stärkere Beschränkungen stets zu weniger Investition führen: Sie ist monoton fallend in ω, impliziert also eine stärkere Investitionsneigung, bis hin zu $\omega = 100\%$, wo die Mengenbeschränkung bindend wird. Bei niedrigem Bestand an liquiden Mitteln investiert das Unternehmen, sobald diese exogene Beschränkung nicht mehr bindend ist. Für sehr große X verliert die Mengenbeschränkung immer mehr an Bedeutung, daher nähert sich die Investitionsschwelle der des Unternehmens in der vollkommenen Welt, V_I^e, an. Relativ zu letzterem gibt es zwei Bereiche, in denen suboptimal investiert wird: Ausgehend von dem Bestand an liquiden Mitteln, bei dem gerade $V_I^{cq}(X) = V_I^e$ gilt, sieht sich das mengenbeschränkte Unternehmen für kleinere X gezwungen, die Investition aufzuschieben, obwohl in der vollkommenen Welt sofortige Investition optimal wäre. Umgekehrt lässt sich für größere X genau das umgekehrte Verhalten beobachten: Das mengenbeschränkte Unternehmen ist schon für niedrigere Projektwerte bereit, die Investition durchzuführen. Boyle und Guthrie (2003) erklären das dadurch, dass so zukünftige Finanzierungsengpässe vermieden werden können. Beispielsweise könnte sich ein Pfad im Zustandsraum einstellen, auf dem zuerst die liquiden Mittel fallen und erst später der Projektwert über die Investitionsschwelle in der vollkommenen Welt steigt. Dann kann die Investition nicht mehr durchgeführt werden, obwohl es nun vom Projektwert her vorteilhaft wäre, sie umzusetzen.

Eine weitere wichtige Erklärung für die niedrigere Investitionsschwelle liegt in den erwarteten Liquidierungskosten: Sollte sich das Unternehmen nicht nur in Zustände mit bindender Mengenbeschränkung, sondern sogar noch unterhalb der Liquidationsgrenze (4.2) bewegen, so muss die Investitionsoption zu $F^e(\alpha V)$ verkauft werden. Dieser drohende Wertverlust verändert die Investitionsstrategie für den Bereich, in dem die Mengenbeschränkung noch nicht bindend ist. Dort hat das Unternehmen die Möglichkeit, durch vorzeitige Investition die Liquidierungskosten zu vermeiden.

Während die Investitionsschwelle des rein mengenbeschränkten Unternehmens monoton fallend in ω bis hin zu $\omega = 100\%$ ist, so ist auffällig, dass dies für die Unternehmen *cd* und *ce* **nicht** gilt. Speziell Unternehmen *cd*, das Finanzierungskosten aufgrund einer Fremdkapitalemission tragen muss, besitzt eine Investitionsschwelle $V_I^{cd}(X)$, die in ω zuerst fällt, dann allerdings ein Minimum erreicht und wieder ansteigt, lange bevor die Mengenbeschränkung bindend wird. Ein guter Startpunkt zum Vergleich des rein mengenbeschränkten Unternehmens mit Unternehmen *cd* ist der Bestand an liquiden Mitteln, für den die beiden Investitionsschwellen $V_I^{cq}(X)$ und $V_I^{cd}(X)$ sich gerade schneiden. Für niedrigere Werte an liquiden Mitteln lässt sich ein freiwilliges Aufschieben der Investition beobachten: Unternehmen *cd* investiert nicht, obwohl die Mengenbeschränkung nicht bindend ist und Unternehmen *cq* sofort investiert. Der Grund ist, dass Unternehmen *cd* die aktuell sehr hohen Finanzierungskosten vermeiden möchte, die bei Investition auftraten. Selbst die Gefahr, in Zukunft noch in den Bereich der bindenden Mengenbeschränkung zu gelangen, kann das Unternehmen *cd* hier nicht zur Investition bewegen. Man beachte, dass dies eine endogene Entscheidung ist, also eine grundsätzlich andere Situation als in den zuvor diskutierten Zuständen, in denen sich Unternehmen *cq* bereits der bindenden Mengenbeschränkung ausgesetzt sieht und deshalb nicht investieren **kann**. Für einen Bestand an liquiden Mitteln oberhalb des Niveaus, bei dem sich die beiden Investitionsschwellen $V_I^{cq}(X)$ und $V_I^{cd}(X)$ schneiden, kehrt sich die Reihenfolge der Investitionsschwellen um: Obwohl Unternehmen *cd* den Finanzierungskosten ausgesetzt ist und es somit aus statischer Sichtweise (vgl. Anhang A.6) ungünstigere Investitionsbedingungen hat als Unternehmen *cq*, setzt ersteres das Projekt sofort um und letzteres wartet. Dies lässt sich damit erklären, dass Unternehmen *cd* den noch höheren Finanzierungskosten bei sich in der Zukunft möglicherweise verschlechternden Bedingungen entgehen möchte. Für sehr große X lässt sich schließlich beobachten, dass sich die Investitionsschwelle $V_I^{cd}(X)$ der von Unternehmen *cq* annähert und letztlich auch der in der vollkommenen Welt gültigen, da es immer unwahrscheinlicher wird, dass die Finanzierungsbeschränkungen zukünftig noch einmal relevant werden.

Zuletzt soll die Investitionsschwelle $V_I^{ce}(X)$ von Unternehmen *ce*, das Finanzierungskosten aufgrund einer Eigenkapitalemission tragen muss, analysiert werden. Es ist zu beobachten, dass sie sich für niedrige liquide Mittel X auf einem Niveau V_I^l hält und dann langsam abfällt. An der Stelle $X = 0$ gibt es einen Sprung nach weit unterhalb der Schwelle V_I^e in der vollkommenen Welt, während sich $V_I^{ce}(X)$ anschließend für immer größer werdenden Bestand an liquiden Mitteln wieder wie üblich letzterer annähert. Der Wert $V_I^l = V_I^e/\alpha$ kann interpretiert werden als die Investitionsschwelle eines unbeschränkten Investors, der die Investitionsoption eines finanzierungsbeschränkten Unternehmens nach Liquidation erhalten hat. Der Wert einer solchen Option auf den Projektwert αV nach Liquidation beträgt $F^e(\alpha V, I) = \alpha F^e(V, I/\alpha)$, was dem Anteil α an einer Option, zum Preis von I/α das Projekt V zu bekommen, entspricht. Es wird also der Investitionsbetrag I, der hier ausnahmsweise explizit als Funktionsargument aufgeführt wurde, und damit auch die Investitionsschwelle um den Faktor $1/\alpha$ erhöht. An der Investitionsschwelle lässt sich also ablesen, dass Unternehmen *ce* für niedrige liquide Mittel eine Investitionsstrategie ähnlich der eines unbeschränkten Investors nach Liquidation verfolgt. Die Erklärung hierfür ist, dass in diesem Bereich die Eigenkapital-Emissionskosten so hoch sind, dass der bisherige Eigentümer einen Anspruch hat, dessen Wert nahe am Liquidationswert liegt. Daher verfolgt er auch eine ähnliche Strategie wie ein Investor nach Liquidation.

Der Sprung der Investitionsschwelle $V_I^{ce}(X)$ bei $X = 0$ lässt sich auf einen Knick des Ausübungswertes an eben dieser X-Stelle zurückführen:

$$\frac{\partial(V - I - EIC(\Delta, \alpha))}{\partial X} = \frac{1-\alpha}{\alpha} \cdot \mathbf{1}_{\{\Delta>0\}}.$$

Dabei bezeichnet $\mathbf{1}_{\{.\}}$ die Indikatorfunktion. Hierzu sei angemerkt, dass trotz der Unstetigkeit der Investitionsschwelle und des Knicks im Ausübungswert die Optimalitätsbedingungen erster Ordnung an der frei zu wählenden Investitionsschwelle erfüllt sind, und zwar getrennt für die Bereiche oberhalb und unterhalb der Stelle $X = 0$. Für negative liquide Mittel geht der Optionswert glatt in eine Ebene mit Steigung $\frac{1-\alpha}{\alpha}$ in X-Richtung über, während die entsprechende Ebene für positive liquide Mittel parallel zur X-Achse liegt.

Die radikale Verhaltensänderung beim Überschreiten von $\Delta = 0$ $(X = 0)$ lässt sich ökonomisch dadurch erklären, dass für $\Delta > 0$, gleichbedeutend mit negativen liquiden Mitteln, sofern $X = G$, jede weitere Einheit an liquiden Mitteln den Optionswert signifikant erhöht, da sie die Finanzierungskosten bei zukünftiger Investition senkt. Der Wert des Wartens dominiert also den Effekt der antizipierten zukünftigen Finanzierungskosten, die auftreten würden, wenn die liquiden Mittel im weiteren Verlauf wieder sinken sollten. Daher verlangt das Unternehmen in diesem Bereich das Erreichen eines relativ hohen Projektwerts, bevor es sich auf die sofortige Durchführung des Investitionsprojekts einlässt. Sobald $\Delta = 0$ erreicht ist, erhöht jede weitere Einheit an liquiden Mitteln nicht mehr den Ausübungswert der Option. Vielmehr wird es nur immer unwahrscheinlicher, dass das Unternehmen in der Zukunft noch einmal unter Finanzierungskosten leiden wird. Der Wert des Wartens besteht in dieser Situation also nur noch aus der Chance auf noch höhere zukünftige Projektwerte, nicht mehr aus einer möglichen Reduktion der zukünftigen Finanzierungskosten. So besteht ein starker Anreiz für das Unternehmen, sofort zu investieren, wenn $\Delta = 0$ erreicht ist – sogar für vergleichsweise niedrige Projektwerte.

Für alle anderen in diesem Abschnitt diskutierten Unternehmen außer Unternehmen *ce* gibt es keinen solchen Knick im Ausübungswert der Investitionsoption. Für das Unternehmen in der vollkommenen Welt und das rein mengenbeschränkte Unternehmen ist dies offensichtlich, da deren Ausübungswerte $\bar{F}^{ce}(V) = \bar{F}^{cq}(V) = V - I$ unabhängig vom Bestand X an liquiden Mitteln sind. Bei Unternehmen *cd* ist diese Unabhängigkeit nicht gegeben, jedoch zeigt Abbildung 3.3, dass die DIC_k für $\Delta \to 0$ glatt in die Abszisse übergehen, und daraus folgt, dass auch $\bar{F}^{cd}(V) = V - I - DIC_k$ an dieser Stelle glatt ist. Diese theoretische Begründung belegt, dass es in all diesen Fällen keinen Knick geben kann, und folglich auch keine Sprünge in den Investitionsschwellen. Hier offenbart sich also ein entscheidender Unterschied zwischen linearen und konvexen Kostenfunktionen, da der bei einer linearen Kostenfunktion auftretende Sprung in der Investitionsschwelle eine auch qualitativ andere Form der Investitionsschwelle bedeutet.

Zusammenfassend lässt sich festhalten, dass ein Unternehmen, welches auf Finanzierung durch Eigenkapitalemission angewiesen ist, davon nur Gebrauch macht, wenn ihm ausgenommen vorteilhafte Investitionsprojekte zur Verfügung stehen. Daraus ließe sich schlussfolgern, dass diese Art der Finanzierung kaum Bedeutung hat, da sie ohnehin fast nie genutzt wird. Sie hat jedoch trotzdem einen sichtbaren Effekt: Auch wenn sie nicht genutzt wird, sorgt sie dafür, dass die Investitionsschwelle eines Unternehmens ohne Zugang zum

Fremdkapitalmarkt gerade für Bestände an liquiden Mitteln, bei denen die Finanzierung gar nicht genutzt wird, substantiell niedriger liegt als die Schwelle eines Unternehmens in einer vollkommenen Welt. Obwohl in diesen Zuständen keine Finanzierungskosten auftreten, wird die Entscheidung des Unternehmens beeinflusst durch die Berücksichtigung der Kosten, die bei einer zukünftigen Knappheit an Finanzmitteln aufträten.

4.4 Investitionsvolumen und Investitionssensitivität

Speziell in der empirischen Literatur zu Finanzierungsbeschränkungen, z.B. bei Fazzari, Hubbard und Petersen (1988) und Kaplan und Zingales (1997), wird meist über das Investitionsvolumen (*investment volume*, oder kurz nur *investment*) und die Sensitivität des Investitionsvolumens auf Veränderungen des *Cash-Flow* (*investment-cash flow sensitivity*, im folgenden kurz Investitionssensitivität) argumentiert. Diese Größen sind unmittelbar empirisch beobachtbar, während eine Investitionsschwelle lediglich mittelbar über Realisierungen von Investitionen beobachtet werden kann. Um später die Ergebnisse mit denen der Literatur vergleichen zu können, werden deshalb nun Analogien dieser Größen zum bisher verwendeten Konzept der Investitionsschwelle aufgezeigt. Diese Analogien wurden von anderen Autoren bereits ähnlich verwendet, wenn es darum ging, eine Verbindung zwischen theoretischen Modellen und empirischen Studien herzustellen.[6]

Ausgehend von einer vom aktuellen Bestand an liquiden Mitteln X abhängigen Investitionsschwelle $V_I(X)$ sei eine für alle X jeweils niedrigere Investitionsschwelle gleichbedeutend mit einem höheren (erwarteten) Investitionsvolumen.

[6] Beispielsweise wählen Kaplan und Zingales (1997) und Lyandres (2005) eine ähnliche Abbildung der Investitionssensitivität durch Modellgrößen, wobei speziell Lyandres ebenfalls die Analogie von Investitionsvolumen und Investitionsschwelle aufzeigt.

Obwohl in dieser Arbeit durchgehend nur ein einziges Investitionsprojekt zur Disposition steht, welches ein festes Investitionsvolumen I besitzt, kann das Vorgehen damit gerechtfertigt werden, dass das Projekt nicht mit Sicherheit durchgeführt wird. Ein Unternehmen wird mehr Investitionsprojekte akzeptieren, wenn es eine für alle X niedrigere Investitionsschwelle $V_I(X)$ wählt als ein anderes, aber ansonsten identisches Unternehmen. Daher wird es, gegeben mögliche Pfade für die Evolution des Projektwertes V, auch ein höheres erwartetes Investitionsvolumen $\mathbb{E}[I \cdot \mathbf{1}_{\{V \geq V_I(X)\}}]$ haben.[7] Hierbei bezeichnet $\mathbb{E}[\cdot]$ den Erwartungswertoperator. Ein alternativer, nahe liegender Ansatz zur Modellierung eines variablen Investitionsvolumens wäre, dass ein Unternehmen mit einem Portefeuille aus Investitionsoptionen oder mit einer Investitionsoption variabler Kapazität ausgestattet wird.[8] Außerhalb der Realoptionsliteratur wird, wie z.B. bei Kaplan und Zingales (1997), oft eine konkave Produktionsfunktion gewählt, bei der dann die Produktionsmenge als Eingabegröße eingeht. Ein solcher Ansatz ist dann aber meist einperiodig/statisch, was hier nicht weiter helfen würde, da gerade die dynamische *Investment-Timing*-Option untersucht werden soll.

Weiter sei die Investitionssensitivität definiert als der **Absolutwert** der Steigung der Investitionsschwelle $V_I(X)$ in den liquiden Mitteln X, also $|\frac{dV_I(X)}{dX}|$. Im Zentrum des Interesses steht der Betrag, nicht das Vorzeichen dieser Sensitivität, da eine höhere Sensitivität stets eine stärkere Reaktion der Investitionsschwelle bezeichnen soll, unabhängig von deren Vorzeichen. Im folgenden wird untersucht werden, wie sich dieser Absolutwert für unterschiedlich starke Finanzierungsbeschränkungen verändert. Einerseits gibt es Bereiche des Zustandsraums, in denen fallende liquide Mittel zu beschleunigter Investitionstätigkeit, d.h. einer niedrigeren Investitionsschwelle, führen. Dort sei eine höhere Sensitivität als eine stärker beschleunigte Investitionstätigkeit definiert,

[7]Die dargestellte Interpretation folgt der von Lyandres (2005).

[8]Siehe Dixit und Pindyck (1994) für eine Übersicht, und vgl. z.B. speziell Pindyck (1988) für den letzteren Ansatz.

also eine stärker **positive** Steigung von $V_I(X)$ für fallende liquide Mittel. Andererseits gibt es auch Bereiche, in denen fallende liquide Mittel zu verzögerter Investitionstätigkeit, d.h. einer höheren Investitionsschwelle, führen. Dann sei eine höhere Sensitivität definiert als eine Verstärkung dieser Verzögerung, also eine stärker **negative** Steigung von $V_I(X)$ für fallende liquide Mittel. Während die letztere Variante, die eine höhere Sensitivität als einen stärkeren Rückgang der Investitionstätigkeit in Folge eines *Cash-Flow*-Schocks definiert, der üblichen Sichtweise einer höheren *Investment-Cash-Flow*-Sensitivität entspricht, ist die erstere in der bisherigen Literatur nicht zu finden. Dies liegt vor allem daran, dass dort im Kontext von *Investment-Cash-Flow*-Sensitivitäten nicht die Möglichkeit berücksichtigt wurde, dass das Investitionsvolumen selbst in den Finanzierungsbeschränkungen steigen könnte.

4.5 Zwei Dimensionen der Beschränktheit

Um unterschiedliche empirische Aussagen zur Wirkung von Finanzierungsbeschränkungen theoretisch erklären zu können, werden im folgenden zwei Dimensionen der Beschränktheit unterschieden. Eine ähnliche Aufteilung in zwei Dimensionen wird auch in der aktuellen Literatur vorgenommen.[9]

Die erste Dimension umfasst die Marktfriktionen. Diese werden gemessen durch α, wobei ein größeres α für geringere Marktfriktionen steht. Die zweite Dimension, nämlich die der Liquiditätsbeschränkungen, gibt an, inwieweit das Unternehmen aufgrund seines Bestands an liquiden Mitteln beschränkt ist. Diese Dimension kann absolut gemessen werden, d.h. durch die Finanzierungslücke $\Delta = I - X$ oder durch die liquiden Mittel X selbst. Da aber der Grad der Beschränktheit durch die Position des Unternehmens relativ zu der Mengenbeschränkung (3.18) gekennzeichnet ist, bietet sich als sinnvolles relatives Maß

[9] Vgl. Cleary, Povel und Raith (2007) und Lyandres (2005). Eine ausführliche Diskussion der empirischen Aussagen und theoretischen Erklärungsansätze folgt in Abschnitt 4.9.

die Größe

$$\omega = \frac{\Delta}{\alpha V}$$

an. Diese soll ab jetzt als Ausschöpfungsgrad bezeichnet werden, da sie angibt, welcher Anteil der maximal möglichen projektwertbasierten Außenfinanzierung bei Investition genutzt werden müsste.

Solange die erste Dimension, also α, konstant gehalten wird, sind die Aussagen zur Auswirkung von Liquiditätsbeschränkungen äquivalent für beide Maße, also für ω und Δ. Dann ist nämlich eine Erhöhung des Ausschöpfungsgrades ω bei gegebenem Projektwert V gleichbedeutend mit einer Vergrößerung der Finanzierungslücke Δ. Wenn jedoch beide Dimensionen gleichzeitig untersucht werden, so sollten die Liquiditätsbeschränkungen auf jeden Fall durch die Finanzierungslücke Δ oder die liquiden Mittel X angegeben werden, da diese im vorliegenden Modellrahmen unabhängig von α sind.

4.6 Effekt der Finanzierungsbeschränkungen

Nun sollen die Auswirkungen einer Veränderung im Grad der Beschränktheit auf die Investitionsentscheidung aufgezeigt werden. Die folgende Analyse beschränkt sich auf ein Unternehmen mit verallgemeinerter Kostenfunktion und einem Parameterwert $k > 1$, also das Unternehmen *cd*, das Finanzierungskosten aufgrund einer Fremdkapitalemission tragen muss.

Im folgenden wird untersucht, wie sich eine Veränderung in einer der beiden eben eingeführten Dimensionen der Beschränktheit, also Liquiditätsbeschränkungen und Marktfriktionen, auf Investitionsvolumen und Investitionssensitivität auswirkt.

4.6.1 Effekt der Liquiditätsbeschränkungen

Auswirkung auf das Investitionsvolumen

Die Auswirkung einer Veränderung der Liquiditätsbeschränkungen, gemessen durch den Ausschöpfungsgrad ω, auf das Investitionsvolumen wurde bereits bei der Diskussion der Investitionsschwellen in Abschnitt 4.3 untersucht. Gemäß Abschnitt 4.4 soll nun eine niedrigere Investitionsschwelle als ein höheres Investitionsvolumen interpretiert werden.

Dann lässt sich feststellen, dass das Investitionsvolumen des rein mengenbeschränkten Unternehmens monoton steigend im Ausschöpfungsgrad ω ist, bis schließlich die exogene Mengenbeschränkung $\omega = 100\%$ bindend wird. Im Gegensatz dazu steigt das Investitionsvolumen von Unternehmen *cd* in ω nur im Bereich hoher liquider Mittel. Bei niedrigen liquiden Mitteln stellt sich dagegen ein Rückgang des Investitionsvolumens in ω ein, obwohl die Mengenbeschränkung nicht bindend ist.

Auswirkung auf die Investitionssensitivität

Die Monotonie der Investitionsschwelle des rein mengenbeschränkten Unternehmens in den Liquiditätsbeschränkungen setzt sich in seiner Investitionssensitivität fort: Abbildung 4.2 zeigt, dass auch die Investitionssensitivität monoton steigend im Ausschöpfungsgrad ω ist. Stärkere Liquiditätsbeschränkungen bewirken also, dass eine Abnahme des Bestands an liquiden Mitteln um eine Geldeinheit eine stärkere **Zunahme** des Investitionsvolumens nach sich zieht.

Dagegen zeigt Abbildung 4.2 ebenfalls, dass stärkere Liquiditätsbeschränkungen bei Unternehmen *cd* im Bereich niedriger liquider Mittel bewirken, dass die **Abnahme** des Investitionsvolumens stärker sensitiv ist. Dies muss hier im absoluten Sinne verstanden werden, da die Steigung der Investitionsschwelle im Bereich niedriger liquider Mittel negativ ist. Auf der anderen Seite nähert sich die Investitionsschwelle für geringfügige Liquiditätsbeschränkungen, d.h. negatives Δ bei positivem X, der Horizontalen der vollkommenen Welt an, und somit wird auch die Sensitivität vernachlässigbar. Wenn umgekehrt im Bereich der positiven liquiden Mittel die Liquiditätsbeschränkungen zunehmen und das Unternehmen sich $X = 0$ ($\Delta = 0$) annähert, dann steigt auch die Sensitivität. Die Sensitivität steigt also sowohl im Bereich niedriger wie hoher liquider Mittel in den Liquiditätsbeschränkungen.

Es verbleibt ein davon abweichender Bereich: Wenn die Liquiditätsbeschränkungen über $X = 0$ ($\Delta = 0$) hinaus weiter zunehmen, gibt es einen Wendepunkt in der Investitionsschwelle: Während die Sensitivität zunächst weiter steigt, auch wenn der Bereich negativer liquider Mittel erreicht ist, weil jede weitere Abnahme der liquiden Mittel die antizipierten zukünftigen Kosten im Vergleich zum Wert des Wartens noch wichtiger macht, fällt schließlich die Sensitivität auch wieder, sobald die aktuellen Kosten eine höhere Bedeutung haben als die möglichen zukünftigen Kosten.

4.6.2 Effekt der Marktfriktionen

Auswirkung auf das Investitionsvolumen

Um die Auswirkung einer Veränderung der Marktfriktionen auf das Investitionsvolumen analysieren zu können, wird der Grad der Liquiditätsbeschränkungen konstant gehalten. Da der Ausschöpfungsgrad ω selbst durch die Marktfriktionen verändert wird, soll hier der Finanzierungsbetrag Δ als Maß für den Grad der Liquiditätsbeschränkungen konstant gehalten werden. Abbildung 4.3 zeigt die Investitionsschwelle als Funktion von α jeweils für einen festen Wert von Δ. Außerdem ist für jedes positive Δ auch die Mengenbeschränkung $\omega = \frac{\Delta}{\alpha V} = 100\%$ als dünne Linie dargestellt.

Für negative Δ, im Beispiel $\Delta = -50$, muss aktuell nicht auf das Projekt V als Sicherheit zur Finanzierung zurückgegriffen werden, daher ist die Mengenbe-

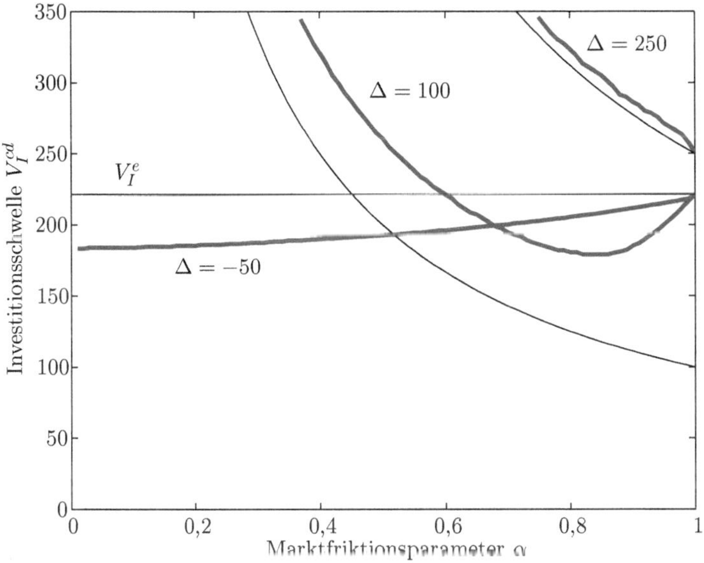

Abbildung 4.3: Investitionsschwelle bei Fremdkapitalemission als Funktion der Marktfriktionen.

Die Investitionsschwellen bei Fremdkapitalemission V_I^{cd} (dicke Linien) und die Mengenbeschränkung $\omega = \frac{\Delta}{\alpha V} = 100\%$ (dünne Linien) sind dargestellt als Funktion des Marktfriktionsparameters α für verschiedenen Bedarf an Finanzierung Δ. Die verwendeten Parameterwerte finden sich in Tabelle 4.1.

schränkung auf dem ganzen Bereich für α zwischen 0 und 1 nicht bindend. Es gibt auch keine Finanzierungskosten bei sofortiger Investition und somit keinen Anreiz, die Investition aufzuschieben, um aktuelle Kosten zu vermeiden. Umgekehrt kann allerdings die Berücksichtigung zukünftiger Kosten ein Beschleunigen der Investition vorteilhaft erscheinen lassen. Da diese möglichen zukünftigen Kosten für Unternehmen mit stärkeren Marktfriktionen höher sind, ist die Investitionsschwelle monoton steigend in α, d.h. das Investitionsvolumen ist monoton steigend im Grad der Marktfriktionen.[10]

Wenn ein mäßiger Bedarf an kostspieliger Finanzierung besteht, d.h. positives Δ, z.B. $\Delta = 100$, kann ein Abwägen zwischen aktuellen und möglichen zukünftigen Finanzierungskosten beobachtet werden. Unter den Unternehmen, die nur vernachlässigbar kleinen Marktfriktionen unterliegen, d.h. α nahe 1, dominieren die antizipierten zukünftigen Kosten. Daher investieren diejenigen mehr, d.h. haben eine niedrigere Investitionsschwelle, die den stärkeren Marktfriktionen unterliegen. In diesem Bereich steigt die Investitionsschwelle in α. Unter den Unternehmen, die unter substantiellen Marktfriktionen leiden, d.h. kleines α, liegt eine genau umgekehrte Situation vor: Die Unternehmen, die den stärkeren Friktionen unterliegen, werden durch prohibitive aktuelle Finanzierungskosten von der sofortigen Investition abgehalten, während Unternehmen, die einem etwas geringeren Ausmaß an Friktionen ausgesetzt sind, bei demselben Projektwert bereits investieren würden. In diesem Bereich fällt daher die Investitionsschwelle in α.

Zuletzt bleibt festzuhalten, dass für Unternehmen mit sehr hohem Finanzierungsbedarf Δ, z.B. $\Delta = 250$, die Mengenbeschränkung $\omega = 100\%$ immer mehr zu einer bindenden Restriktion wird. Die resultierende Investitionsschwelle verläuft im Wesentlichen entlang dieser Mengenbeschränkung, somit fällt das Investitionsvolumen monoton in den Marktfriktionen, d.h. die Investitions-

[10] Diese doppelte Umkehrung liegt daran, dass eine höhere Investitionsschwelle gleichbedeutend mit einem niedrigeren Investitionsvolumen ist, und ein größeres α geringere Marktfriktionen bedeutet.

schwelle fällt monoton in α. Für ein solches Unternehmen bleibt nahezu kein Raum für Entscheidungen: Auch wenn es ein sehr profitables Projekt, d.h. eines mit hohem V hat, sind schlicht keine Mittel zur Finanzierung vorhanden. Sobald der Projektwert so hoch ist, dass die Investition selbst bei diesem niedrigen Bestand an eigenen liquiden Mitteln möglich ist, wird sie auch durchgeführt. In diesen Regionen des Projektwerts ist das selbst bei hohen Finanzierungskosten vorteilhaft.

Auswirkung auf die Investitionssensitivität

Es lässt sich zeigen, dass die absolute Steigung der Investitionsschwelle, also die absolute Investitionssensitivität, sowohl für niedrige als auch für hohe Bestände an liquiden Mitteln in α fällt. Dies ist sinnvoll, da für Unternehmen, welche weniger unter Marktfriktionen leiden, sowohl zukünftige als auch aktuelle Finanzierungskosten weniger starke Auswirkungen haben. Während für Unternehmen mit großem Bestand an liquiden Mitteln allerdings die positive Steigung in α fällt, bleibt anzumerken, dass es bei niedrigen liquiden Mitteln wiederum der Absolutbetrag der negativen Steigung ist, der in α fällt.

Die absolute Investitionssensitivität steigt also in beiden Dimensionen der Beschränktheit, gleichermaßen für Unternehmen mit großem wie niedrigem Bestand an liquiden Mitteln. Stets gilt es dabei jedoch zu beachten, dass die Sensitivitäten sich auf Veränderungen des Investitionsvolumens beziehen. Letztere wirken in unterschiedliche Richtungen, je nachdem, ob Unternehmen mit großem oder niedrigem Bestand an liquiden Mitteln betrachtet werden.

4.6.3 Gemeinsame Analyse beider Dimensionen

Zusammenfassend zeigt Abbildung 4.4 den gemeinsamen Effekt der beiden Dimensionen der Beschränktheit, also die Auswirkung einer Veränderung der liquiden Mittel X und der Marktfriktion α auf die Investitionsschwelle von

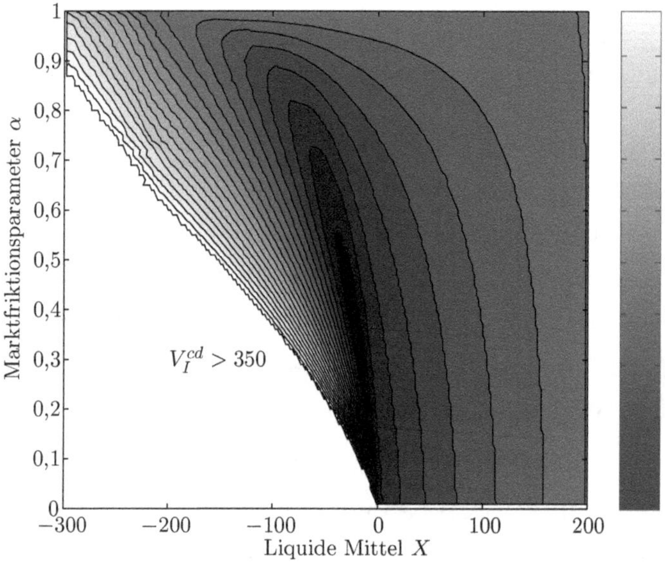

Abbildung 4.4: Höhenlinien der Investitionsschwelle bei Fremdkapitalemission.

Die Investitionsschwelle bei Fremdkapitalemission V_I^{cd} ist über ihre Höhenlinien als Funktion von liquiden Mitteln X und Marktfriktionsparameter α dargestellt. Die verwendeten Parameterwerte finden sich in Tabelle 4.1.

Unternehmen *cd*. Dargestellt sind die Höhenlinien der Investitionsschwelle über den beiden Dimensionen.

Die Ergebnisse, die aus den Abbildungen 4.2 und 4.3 abgeleitet wurden, lassen sich nun verallgemeinern: Tatsächlich hat die Investitionsschwelle als Funktion von X bei festem α, die sich ergibt, wenn man einen horizontalen Schnitt durch Abbildung 4.4 legt, z.B. in der Höhe $\alpha = 0{,}8$ für den Verlauf in Abbildung 4.2, für jedes beliebige α einen U-förmigen Verlauf. Umgekehrt wird auch ersichtlich, dass die Investitionsschwelle als Funktion von α bei festem X genau die drei Formen annehmen kann, die in Abbildung 4.3 dargestellt sind. Bei einem senkrechten Schnitt durch Abbildung 4.4 ergibt sich eine Schwelle, die monoton steigend in α ist für **alle** $X > 0$, d.h. $\Delta < 0$, aber U-förmig, sobald es eine positive Nachfrage nach kostspieliger Außenfinanzierung Δ gibt. Dann stellen nämlich die Unternehmen, die unter erheblichen Marktfriktionen leiden, aufgrund der aktuellen Finanzierungskosten ihre Investitionen zurück. Es ist auch gut zu sehen, dass Unternehmen mit sehr niedrigen Beständen an liquiden Mitteln praktisch keine Wahl haben, als zu warten, bis $\omega \leq 100\%$ erreicht wird, und deren Schwelle daher in α monoton fällt.

Weiter lässt sich in Abbildung 4.4 erkennen, dass für Unternehmen mit niedrigen Beständen an liquiden Mitteln die Linderung jeder Dimension der Beschränktheit, also eine Erhöhung von X oder α, gleichermaßen zu einem höheren Investitionsvolumen, d.h. niedrigerer Investitionsschwelle, führt. Umgekehrt kann bei Unternehmen mit einem so hohen Bestand an liquiden Mitteln, dass sie aktuell keine Finanzierungskosten haben, also $X > 0$ oder $\Delta < 0$, beobachtet werden, dass eine Linderung jeder Dimension der Beschränktheit stets zu einem niedrigeren Investitionsvolumen führt. Nur bei einem Bestand an liquiden Mitteln, der zwischen diesen beiden Bereichen liegt, überlagern sich die diskutierten Effekte. So kann eine Linderung der Beschränktheit sowohl ein höheres als auch ein niedrigeres Investitionsvolumen bewirken.

4.7 Blick in die Literatur

Um die im folgenden aufgestellten Implikationen mit denen von alternativen Modellierungsansätzen vergleichen zu können, sollen zunächst drei zentrale Modelle vorgestellt werden. Kaplan und Zingales (1997) veranschaulichen, dass im statischen *Now-or-Never*-Rahmen für beide Dimensionen der Beschränktheit, also Liquiditätsbeschränkungen und Marktfriktionen, das Investitionsvolumen im Grad der Beschränktheit fällt. Darüber hinaus zeigen sie noch, dass die Investitionssensitivitäten **nicht** im Grad der Beschränktheit ansteigen müssen. Die Arbeiten von Cleary, Povel und Raith (2007) und Lyandres (2005) sind parallel zu der vorliegenden Arbeit entstanden. Beide vergleichen ebenfalls in deutlich komplexeren Modellierungsansätzen als Kaplan und Zingales (1997) die Wirkung beider Dimensionen der Beschränktheit, also Liquiditätsbeschränkungen und Marktfriktionen, auf Investitionsvolumen und Investitionssensitivität. Sie weisen aber deutlich von der vorliegenden Arbeit abweichende Implikationen auf.

4.7.1 Modell von Kaplan und Zingales

Kaplan und Zingales (1997) modellieren die Investitionsentscheidung als statisches einperiodiges Gewinnmaximierungsproblem. Dabei wird eine *Now-or-Never*-Investitionsentscheidung betrachtet.

In Anlehnung an die Notation der vorliegenden Arbeit bezeichne X den Bestand an liquiden Mitteln im Unternehmen und I den aufzubringenden Investitionsbetrag. Letzterer wird vom Unternehmen gewählt und bestimmt den resultierenden Projektwert über eine streng monoton steigende und streng konkave Produktionsfunktion $V(I)$. Bei Außenfinanzierung des Betrags $\Delta = I - X$ fallen Finanzierungskosten aufgrund von Marktfriktionen gemäß einer exogenen konvexen Funktion $IC(\Delta, \alpha)$ an, wobei ein größeres α für **stärkere** Marktfriktionen steht. Der Marktfriktionsparameter ist also umgekehrt definiert wie in der vorliegenden Arbeit. Das Optimierungsproblem des Unternehmens lautet dann

$$\max_I V(I) - I - IC(\Delta, \alpha).$$

Aus der Bedingung erster Ordnung

$$\frac{dV(I)}{dI} = 1 + \frac{\partial IC(\Delta, \alpha)}{\partial \Delta}$$

erhält man mittels impliziter Ableitung

$$\frac{dI}{dX} = \frac{\frac{\partial^2 IC(\Delta,\alpha)}{\partial \Delta^2}}{\frac{\partial^2 IC(\Delta,\alpha)}{\partial \Delta^2} - \frac{\partial^2 V(I)}{\partial I^2}}.$$

Dieser Ausdruck, bei Kaplan und Zingales (1997) als *investment-cash flow sensitivity*, also Investitionssensitivität, bezeichnet, ist stets positiv, solange $\Delta > 0$, da annahmegemäß die Finanzierungskostenfunktion konvex und die Produktionsfunktion streng konkav sind, also $\frac{\partial^2 IC(\Delta,\alpha)}{\partial \Delta^2} \geq 0$ und $\frac{\partial^2 V(I)}{\partial I^2} < 0$. Für $\Delta \leq 0$ wird $IC(\Delta, \alpha) = 0$, somit wird unabhängig vom Bestand an liquiden Mitteln gemäß der Bedingung erster Ordnung $\frac{dV(I)}{dI} = 1$ eines unbeschränkten Unternehmens ein Betrag I^e investiert. Folglich zeigen Kaplan und Zingales (1997) in diesem einfachen statischen Modellrahmen, dass ein unbeschränktes Unternehmen (also das mit $\Delta \leq 0$) das höchste Investitionsvolumen I^e wählt, und dass ansonsten die gewählte Menge I in den Liquiditätsbeschränkungen, also in Δ, fällt. Weiter ist

$$\frac{dI}{d\alpha} = \frac{\frac{\partial^2 IC(\Delta,\alpha)}{\partial \Delta \partial \alpha}}{\frac{\partial^2 IC(\Delta,\alpha)}{\partial \Delta^2} - \frac{\partial^2 V(I)}{\partial I^2}} < 0,$$

d.h. der Investitionsbetrag I fällt auch in den Marktfriktionen α, sofern $\frac{\partial^2 IC(\Delta,\alpha)}{\partial \Delta \partial \alpha} > 0$, also die Grenzkosten der Finanzierung in den Marktfriktionen steigen. Generell lässt sich also festhalten, dass im Modellrahmen von Kaplan und Zingales (1997) das Investitionsvolumen im Grad der Beschränktheit fällt.

Weiter zeigen sie, dass trotz dieser Monotonie des Investitionsvolumens die Investitionssensitivitäten **nicht** im Grad der Beschränktheit ansteigen müssen. Da sie $\frac{dI}{dX}$ als Investitionssensitivität bezeichnen, genügt es als Gegenbeispiel, dass sie für die Dimension der Liquiditätsbeschränkungen zeigen, dass $\frac{d^2I}{dX^2}$ je nach den Krümmungen der Produktions- und der Kostenfunktion gleichermaßen positiv wie negativ sein kann. In einem Folgeartikel[11] zeigen sie weiter theoretisch, dass die von ihnen postulierte Nichtmonotonie für beide Dimensionen der Beschränktheit gilt, dass also auch $\frac{d^2I}{dXd\alpha}$ gleichermaßen positiv wie negativ sein kann. Die Autoren untersuchen allerdings nicht, unter welchen Bedingungen die Effekte in beiden Dimensionen vergleichbar sind, d.h. beide zweite Ableitungen dasselbe Vorzeichen haben.

4.7.2 Modell von Cleary, Povel und Raith

Das Modell von Cleary, Povel und Raith (2007) ist weiterhin in einem statischen einperiodigen Rahmen à la Kaplan und Zingales (1997) formuliert. Die entscheidende Neuerung besteht in der Endogenisierung des Finanzierungsvertrags und damit der Finanzierungskostenfunktion.

Wiederum gibt es einen Bestand an liquiden Mitteln X im Unternehmen und einen aufzubringenden Investitionsbetrag I, der vom Unternehmen gewählt wird. Auch ergibt sich der resultierende Projektwert über eine Produktionsfunktion $V(I, \theta)$. Diese hängt jedoch nicht nur vom Investitionsbetrag I ab, sondern außerdem von einer Zufallsgröße θ, die als Maß für die unsichere Nachfrage nach dem Produkt des Unternehmens interpretiert werden kann. Das Investitionsvolumen des nicht finanzierungsbeschränkten Unternehmens I^e ergibt sich aus der Maximierung von $\mathbb{E}[V(I, \theta)] - I$. Ein finanzierungsbeschränktes Unternehmen, also eines mit $X < I$, muss wiederum den fehlenden Betrag $\Delta = I - X$ durch Außenfinanzierung, genauer durch Fremdfinanzie-

[11] Vgl. Kaplan und Zingales (2000).

rung, aufbringen. Es verspricht den Fremdkapitalgebern eine bestimmte Rückzahlung, wobei im Falle einer geringeren Rückzahlung mit einer bestimmten Wahrscheinlichkeit eine Liquidation erzwungen wird. Die erhöhten Finanzierungskosten ergeben sich dabei aus den bei Abschluss des Finanzierungsvertrags bewerteten möglichen zukünftigen Liquidierungskosten.

Die Ausgestaltung des verwendeten Fremdfinanzierungsvertrags hat die Besonderheit, dass die externen Investoren für fallende liquide Mittel immer mehr am Erfolg des Projektes beteiligt werden und mit hoher Ausfallwahrscheinlichkeit fast sicher die Position des Eigentümers einnehmen. Deshalb lohnt es sich für sie, gerade bei sehr niedrigen liquiden Mitteln viel Kapital einzubringen, damit das Investitionsprojekt wieder profitabler wird. Als zentrales Ergebnis der Arbeit wird daraus eine U-Form des Investitionsvolumens in den liquiden Mitteln abgeleitet, also insbesondere ein für sehr niedrige liquide Mittel wieder ansteigendes Investitionsvolumen.

4.7.3 Modell von Lyandres

Das Modell von Lyandres (2005) lässt sich ebenfalls als Erweiterung von Kaplan und Zingales (1997) ansehen. Während nun die exogene Spezifikation der Finanzierungskostenfunktion beibehalten wird, liegt die wesentliche Neuerung in der Betrachtung von zwei Perioden statt nur einer. So ist ein Aufschub der Investition von der ersten in die zweite Periode möglich, und es lassen sich in einem einfachen diskreten Modellrahmen Aussagen über das *Investment-Timing* ableiten.

Wie üblich ist ein Bestand an liquiden Mitteln X im Unternehmen, und zur Investition muss ein Betrag I aufgebracht werden. Im Gegensatz zu den beiden obigen Modellen, aber in Übereinstimmung mit der vorliegenden Arbeit, ist dieser Investitionsbetrag exogen gegeben. Die Entscheidung des Unternehmens besteht lediglich darin, den Investitionszeitpunkt zu wählen. Es gibt zwei mögliche Investitionszeitpunkte $t = 0$ und $t = 1$. Ein finanzierungsbeschränktes Unternehmen, also eines mit $X < I$, muss bei Investition in $t = 0$ wiederum den fehlenden Betrag $\Delta_0 = I - X$ durch Außenfinanzierung aufbringen. Schiebt es dagegen die Investition bis $t = 1$ auf, beträgt die Finanzierungslücke $\Delta_1 = I - (X + A)$, wobei A ein stochastischer *Cash-Flow* in $t = 1$ ist, gleichverteilt auf $[a - \delta, a + \delta]$ mit positivem Erwartungswert a. Stets resultiert Außenfinanzierung aufgrund von Marktfriktionen in Finanzierungskosten. Durch Aufschub der Investition und Warten auf den *Cash-Flow* in $t = 1$ hat das Unternehmen also die Chance, die Finanzierungskosten zu senken. Der Marktfriktionsparameter α ist dabei definiert wie oben bei Kaplan und Zingales (1997), aber umgekehrt wie in der vorliegenden Arbeit. Ein größeres α steht also für **stärkere** Marktfriktionen. Lyandres (2005) konkretisiert die Finanzierungskosten gemäß der Emissionskosten-Funktion $IC(\Delta_t, \alpha) = \alpha \cdot \Delta_t$. Die Kosten sind also linear im Finanzierungsvolumen, was der Autor, analog zu (3.20) in der vorliegenden Arbeit, als Eigenkapital-Emissionskosten interpretiert. Der Rückfluss in $t + 1$ aus der Investition in t beträgt $V_t = I + g_t$. Dabei realisiert sich g_0 schon vor der Investitionsentscheidung in $t = 0$, und g_1 ist ebenfalls schon in $t = 0$ bekannt. Lyandres leitet nun die optimale Investitionsschwelle g_0^* ab, also den Nettorückfluss bei Investition in $t = 0$, für den es gerade optimal wird, die Investition sofort durchzuführen, anstatt sie bis $t = 1$ aufzuschieben und bei möglicherweise geringeren Finanzierungskosten den Rückfluss g_1 in $t = 2$ zu erhalten.

Dank der einfachen Modellstruktur lässt sich eine analytische Lösung für g_0^* ableiten. Als zentrales Ergebnis folgen dann die Sensitivitäten der Investitionsschwelle g_0^* bezüglich der liquiden Mittel X sowie dem Marktfriktionsparameter α.[12] Dabei interpretiert Lyandres wie in der vorliegenden Arbeit eine niedrigere Investitionsschwelle g_0^* als ein höheres Investitionsvolumen, so dass für

[12]In einer publizierten Version seines Arbeitspapiers verzichtet Lyandres (2007) auf die Analyse bezüglich der liquiden Mittel und beschränkt sich auf die Wirkung unterschiedlich starker Marktfriktionen. Sein Modellrahmen ist jedoch unverändert und lässt somit weiterhin auch die ursprüngliche Analyse zu.

letzteres genau die umgekehrten Sensitivitäten gelten.

Weiter führt der Autor den Ausdruck $\frac{\partial g_0^*}{\partial a}$ ein, also die partielle Ableitung der Investitionsschwelle nach dem Erwartungswert a des *Cash-Flow* in $t = 1$. Mit seiner Hilfe trifft er Aussagen über die *investment-cash flow sensitivity*, also die Investitionssensitivität: Ein negativer Wert wird als positive Investitionssensitivität interpretiert und umgekehrt. Wiederum ist dies durch die negative Beziehung von Investitionsschwelle und Investitionsvolumen begründet. Somit schließt er, dass ein Steigen (Fallen) von $\frac{\partial g_0^*}{\partial a}$ in den liquiden Mitteln X bzw. dem Marktfriktionsparameter α als ein Fallen (Steigen) der Investitionssensitivität in X bzw. α interpretiert werden kann. An dieser Stelle bleibt darauf hinzuweisen, dass in der vorliegenden Arbeit gemäß Abschnitt 4.4 als ein geeigneteres Maß für die Investitionssensitivität die **absolute** Steigung der Investitionsschwelle in den liquiden Mitteln eingeführt wurde. Dies muss im folgenden beim Vergleich der Ergebnisse von Lyandres (2005) bezüglich der Investitionssensitivität mit denen der vorliegenden Arbeit berücksichtigt werden.

Sein Ergebnis für die erste Dimension der Beschränktheit ist, dass die Investitionsschwelle g_0^* stets in den liquiden Mitteln X fällt, das Investitionsvolumen also stets in den liquiden Mitteln steigt. Somit erzielt er hier das aus den statischen *Now-Or-Never*-Modellen bekannte Resultat, dass stärkere Liquiditätsbeschränkungen stets zu weniger Investition führen. Was die zweite Dimension der Beschränktheit angeht, zeigt Lyandres, dass für einen ausreichend hohen (bzw. niedrigen) Bestand an liquiden Mitteln das Investitionsvolumen steigend (bzw. fallend) im Grad der Marktfriktionen ist. Weiter stellt er fest, dass bei mittlerem Bestand an liquiden Mitteln die Investitionsschwelle U-förmig, also das Investitionsvolumen umgekehrt U-förmig in den Marktfriktionen verläuft.

Zur Investitionssensitivität zeigt Lyandres (2005), dass $\frac{\partial g_0^*}{\partial a}$ stets in den liquiden Mitteln X steigt, was er als eine in den liquiden Mitteln fallende Investitionssensitivität interpretiert. In den Liquiditätsbeschränkungen steigt also seine

Investitionssensitivität stets. Die Sensitivität bezüglich des Marktfriktionsparameters α ist wiederum in Bereiche unterteilt: Für einen ausreichend hohen (bzw. niedrigen) Bestand an liquiden Mitteln ist $\frac{\partial g_0^*}{\partial a}$ steigend (bzw. fallend) im Grad der Marktfriktionen. Seine Investitionssensitivität ist also für hohen (bzw. niedrigen) Bestand an liquiden Mitteln fallend (bzw. steigend) im Grad der Marktfriktionen. Bei mittlerem Bestand an liquiden Mitteln verläuft $\frac{\partial g_0^*}{\partial a}$ umgekehrt U-förmig, die Investitionssensitivität nach seiner Interpretation also U-förmig in den Marktfriktionen.

Im folgenden werden die Ergebnisse der vorgestellten Arbeiten mit den Implikationen der vorliegenden Arbeit verglichen.

4.8 Eigene Implikationen

Das in der vorliegenden Arbeit entwickelte Modell liefert zum Investitionsverhalten eines Unternehmens, welches Finanzierungskosten aufgrund einer Fremdkapitalemission tragen muss, die folgenden vier empirisch testbaren Implikationen:

I. Gegeben ein fester Grad von Marktfriktionen, ist das Investitionsvolumen eine umgedreht U-förmige Funktion der liquiden Mittel.

II. Für Unternehmen mit großem Bestand an liquiden Mitteln sind sowohl Investitionsvolumen als auch Investitionssensitivität steigend in beiden Dimensionen der Beschränktheit, also Liquiditätsbeschränkungen und Marktfriktionen.

III. Für Unternehmen mit sehr niedrigem Bestand an liquiden Mitteln ist das Investitionsvolumen fallend, die Investitionssensitivität aber steigend in den Finanzierungsbeschränkungen, und zwar in beiden Dimensionen.

IV. Bei einem mittleren Niveau von liquiden Mitteln verläuft das Investitionsvolumen umgedreht U-förmig im Grad der Marktfriktionen, und die Auswirkung einer Linderung der Finanzierungsbeschränkungen auf Investitionsvolumen und Investitionssensitivität ist nicht mehr eindeutig.

4.9 Bezug zu Aussagen anderer Arbeiten

4.9.1 Investitionsvolumen

Die obigen Implikationen bringen insgesamt zum Ausdruck, dass das Investitionsvolumen nichtmonoton in jeder der beiden Dimensionen der Beschränktheit sein kann. An dieser Stelle ist zu betonen, dass die Mehrzahl der früheren theoretischen wie empirischen Studien als gegeben vorausgesetzt hat, dass die Einführung von Beschränkungen stets das Investitionsvolumen des Unternehmens unter das in einer vollkommenen Welt gewählte absenkt. Unter dieser Voraussetzung ist es folgerichtig, die Analyse von Investitionssensitivitäten so zu betreiben, dass das Ausmaß der **Reduktion** des Investitionsvolumens als Reaktion auf geringere liquide Mittel für unterschiedliche Grade der Beschränktheit verglichen wird. Ein prominenter Vertreter dieser Arbeiten ist Kaplan und Zingales (1997), deren Modell oben vorgestellt wurde.

Dagegen steht in der vorliegenden Arbeit der optimale Investitionszeitpunkt bei Finanzierungsbeschränkungen zur Debatte, und ein unbeschränktes Unternehmen ist eines, welches die Möglichkeit hat, diesen so zu wählen, dass der gesamte Wert des Wartens in der Realoptions-Sichtweise von McDonald und Siegel (1986) realisiert werden kann. Nach dieser Sichtweise gibt es Zustände, in denen trotz einer möglichen positiven Auszahlung bei Investition ein Aufschieben vorzuziehen ist. Speziell gibt es, wie Boyle und Guthrie (2003) erstmals in einem dynamischen realoptionsbasierten Modell zeigen, Zustände, in denen in einer vollkommenen Welt ein Aufschieben optimal ist, ein finanzierungsbeschränktes Unternehmen jedoch trotzdem sofort investiert, um späteren Beschränkungen zu entgehen. Deshalb kann das Investitionsvolumen also tatsächlich in den Finanzierungsbeschränkungen steigen. Obwohl die Autoren diese Interpretation nicht vornehmen, kann ihre Arbeit als die erste Widerlegung des unbedingt in den Beschränkungen fallenden Investitionsvolumens durch einen Realoptionsansatz gesehen werden.

Da es offensichtlich nicht sinnvoll ist, das Ausmaß einer Bewegung zu vergleichen, ohne sich zuvor über deren Richtung sicher zu sein, werden im Folgenden die Ergebnisse aus der vorliegenden Arbeit in Bezug auf die Investitionssensitivitäten nur dann mit denen anderer Autoren verglichen, wenn diese wenigstens in Bezug auf die Richtung der Änderung des Investitionsvolumens dieselben Aussagen treffen.

Auf den ersten Blick wirkt Implikation I wie eine Bestätigung der Ergebnisse von Cleary, Povel und Raith (2007). Wie oben kurz erklärt wurde, leiten diese ab, dass das Investitionsvolumen U-förmig in den liquiden Mitteln ist. Obwohl sie somit ebenfalls eine nichtmonotone Beziehung zwischen Investitionsvolumen und Finanzierungsbeschränkungen postulieren, stellt die hier geforderte **umgedrehte** U-Form deren U-Form buchstäblich auf den Kopf. Wie lassen sich diese großen Unterschiede erklären? Die oben beschriebene Ausgestaltung des von Cleary, Povel und Raith (2007) verwendeten Fremdfinanzierungsvertrags impliziert letztlich in den liquiden Mitteln nichtmonotone Grenzkosten der Fremdfinanzierung. Deshalb kann für einen geringen Bestand an liquiden Mitteln ein höherer Investitionsbetrag optimal sein als für ein mittleres Niveau an liquiden Mitteln. Im vorliegenden Kapitel ist zwar der aufzubringende Investitionsbetrag exogen gegeben, jedoch steigen die Kosten für jede weitere Geldeinheit, die aufgrund geringerer liquider Mittel von außen ins Unternehmen fließen muss. Da hier als weiterer zentraler Unterschied zwischen den beiden Modellen das Verschieben der Investition überhaupt möglich ist, wird es dann für sehr geringe Bestände an liquiden Mitteln auch in Anspruch genommen. Eine empirische Studie von Whited (2006) testet direkt das *Investment-Timing*. Die Autorin betrachtet ebenfalls den Investitionszeitpunkt für große Projekte anstelle von inkrementellen Investitionen, was zu der in der vorliegenden Arbeit getroffenen Annahme eines exogenen Investitionsbetrags passt und somit die empirische Relevanz der vorgenommenen Modellierung nahelegt.

Noch weitaus verblüffender ist, dass Lyandres (2005) ableitet, dass das Investitionsvolumen monoton steigend in den liquiden Mitteln ist, obwohl er doch einen Großteil der hier getroffenen Annahmen teilt: Wie in Boyle und Guthrie (2003) und in dieser Arbeit erlaubt auch sein Modellrahmen einen Aufschub der Investition, anstatt sich auf eine *Now-or-Never*-Entscheidung zu beschränken. Weiter unterscheidet er dieselben beiden Dimensionen der Beschränktheit, also Liquiditätsbeschränkungen und Marktfriktionen, wie sie bei Cleary, Povel und Raith (2007) und auch hier abgegrenzt werden. Wie Viswanatha (2005) ausführlich darlegt, kann die Abweichung jedoch dadurch erklärt werden, dass Lyandres (2005) eine Kostenfunktion unterstellt, die linear im Finanzierungsvolumen ist, die er, genau wie in dieser Arbeit, als Eigenkapital-Emissionskosten interpretiert. Dagegen wurden die obigen Implikationen für den Fall einer konvexen, hier als Fremdkapital-Emissionskosten interpretierten Kostenfunktion abgeleitet. Darüber hinaus berücksichtigt er nur Zustände, in denen das Unternehmen aktuell Finanzierungskosten ausgesetzt ist – im vorliegenden Modellrahmen würde dies bedeuten, er beschränke seine Analyse auf den Bereich $\Delta > 0$. Dort allerdings ist gemäß Abbildung 4.2 auch das hier bestimmte Investitionsvolumen des Unternehmens mit Eigenkapital-Emissionskosten monoton steigend in den liquiden Mitteln, da die Auswirkung der fallenden aktuellen Finanzierungskosten vorherrschend ist. Immerhin kommt Lyandres (2005), was die zweite Dimension der Beschränktheit angeht, zum selben Schluss wie die Implikationen II und III, nämlich dass für einen ausreichend hohen (bzw. niedrigen) Bestand an liquiden Mitteln das Investitionsvolumen steigend (bzw. fallend) im Grad der Marktfriktionen ist. Weiter stellt er fest, dass das Investitionsvolumen bei einem mittleren Niveau von liquiden Mitteln eine umgekehrte U-Form in den Marktfriktionen hat, was gerade der Implikation IV entspricht. Seine empirischen Ergebnisse, welche diesen Sachverhalt unterstützen, können somit ebenfalls als Bestätigung von Implikation IV verstanden werden.

4.9.2 Investitionssensitivität

Als nächstes sollen die Implikationen in Bezug auf die Investitionssensitivität diskutiert werden. Aus den Implikationen II und III wird deutlich, dass die Investitionssensitivität zumindest beim Vergleich von Unternehmen, die alle entweder hohe oder niedrige Bestände an liquiden Mitteln aufweisen, als ein Maß für Finanzierungsbeschränkungen herangezogen werden kann. Innerhalb dieser Untergruppen haben die Sensitivitäten nämlich keinen Vorzeichenwechsel, und ihre Absolutbeträge sind stets steigend in beiden Dimensionen der Beschränktheit.

Unter den empirischen Arbeiten zum Zusammenhang von Finanzierungsbeschränkungen und Investitionssensitivitäten können Fazzari, Hubbard und Petersen (1988) als Startpunkt angesehen werden. Sie zeigen, dass stärker finanzierungsbeschränkte Unternehmen auch größere Investitionssensitivitäten haben, wobei sie die Dividendenhöhe als Maß für den Grad der Beschränktheit heranziehen. In Folge ist eine Reihe ähnlicher empirischer Untersuchungen durchgeführt worden. Als Beispiel sei die Arbeit von Hoshi, Kashyap und Scharfstein (1991) genannt, in der gezeigt wird, dass diejenigen japanischen Unternehmen, die einer *Keiretsu*-Gruppe angehören und deshalb geringerer Informationsasymmetrie und damit geringeren Finanzierungsbeschränkungen ausgesetzt sind, auch geringere Investitionssensitivitäten aufweisen. Die bekanntesten Kritiker der Studie von Fazzari, Hubbard und Petersen (1988) sind Kaplan und Zingales (1997). Diese stellen zunächst, wie oben beschrieben, ein einfaches theoretisches Modell auf, um zu zeigen, dass Investitionssensitivitäten **nicht** in den Finanzierungsbeschränkungen ansteigen müssen. Anschließend liefern sie auch empirische Belege, indem sie einen Teil des Datensatzes von Fazzari, Hubbard und Petersen (1988) heranziehen und noch einmal genauer untersuchen, welche Unternehmen tatsächlich finanzierungsbeschränkt sind. Cleary (1999) bestätigt die Ergebnisse von Kaplan und Zingales (1997) für einen weitaus umfangreicheren Datensatz. Zwei aktuelle Arbeiten von Gomes (2001) und Altı (2003) zeigen, dass sogar unbeschränkte Unternehmen positive Investitionssensitivitäten haben können, wenn ihr *Cash-Flow* Informationen über zukünftige Investitionsmöglichkeiten enthält. Weiter betont Moyen (2004), dass anhand derselben Datengrundlage beide Schlussfolgerungen möglich sind, d.h. Investitionssensitivitäten können im Grad der Beschränktheit steigen oder fallen, je nachdem, welches Maß für den Grad der Beschränktheit verwendet wird.

Die zu Beginn dieses Abschnitts herausgearbeiteten Implikationen bestätigen diese Nichtmonotonie: Investitionssensitivitäten sind höchstens jeweils innerhalb von Teilmengen von untereinander ähnlichen Unternehmen ein gutes Maß für Finanzierungsbeschränkungen. Für sehr unterschiedliche Unternehmen können sie aber nicht als Maß herangezogen werden.

Zum Vergleich mit der Arbeit von Lyandres (2005) können nur Unternehmen mit geringen Beständen an liquiden Mitteln herangezogen werden, da nur für letztere gilt, dass beide Modelle zu denselben Aussagen über das Investitionsvolumen kommen. Innerhalb dieser Teilmenge von Unternehmen kommt Lyandres (2005) zu einer übereinstimmenden Schlussfolgerung, nämlich dass die Investitionssensitivitäten in beiden Dimensionen der Beschränktheit steigen. Im Vergleich zu Cleary, Povel und Raith (2007) können die Investitionssensitivitäten nicht analysiert werden, da jene Arbeit, wie oben dargestellt, nicht einmal für Teilmengen von Unternehmen zu ähnlichen Aussagen in Bezug auf das Investitionsvolumen kommt.

4.9.3 Dimensionen der Beschränktheit

Zuletzt wird nun aufgezeigt, wie andere Autoren mit unterschiedlichen Dimensionen der Beschränktheit umgehen. Die Arbeit von Cleary, Povel und Raith (2007) kommt zu dem Schluss, dass die unterschiedlichen empirischen Ergebnisse von Fazzari, Hubbard und Petersen (1988) und Kaplan und Zingales (1997) vor allem dadurch begründbar sind, dass dort nicht zwischen den unterschiedlichen Dimensionen der Beschränktheit unterschieden wird. Auch Lyandres (2005) teilt diese Ansicht.[13] Moyen (2004) diskutiert unterschiedliche Maße für den Grad der Beschränktheit, nämlich Dividenden, *Cash-Flow*, den von Cleary (1999) eingeführten Index sowie ihr eigenes Modell, und sie stellt fest, dass die Implikationen für die Investitionssensitivitäten sich stark unterscheiden, je nachdem, welches Maß verwendet wird.

Im hier vorgestellten Modell werden zwei Dimensionen der Beschränktheit ähnlich denen von Cleary, Povel und Raith (2007) unterschieden, nämlich Liquiditätsbeschränkungen und Marktfriktionen, und es wird für jede Dimension einzeln deren Auswirkung auf Investitionsvolumen und Investitionssensitivität untersucht. Tatsächlich stellt sich gemäß Implikation IV heraus, dass es bei Unternehmen mit einem Bestand an liquiden Mitteln in einem kritischen, mittleren Bereich entscheidend sein kann, in welcher der beiden Dimensionen sich die Beschränktheit verändert. Andererseits lässt sich aber auch aus den Implikationen II und III ableiten, dass beide Dimensionen oftmals ähnliche Effekte haben: Wenn auch beide unterschiedlicher Natur sind, so wirkt eine Linderung der Beschränktheit zumindest innerhalb der Teilmengen von Unternehmen mit hohen oder niedrigen liquiden Mitteln für beide Dimensionen in derselben Richtung auf das Investitionsvolumen. Auch Lyandres (2005) kommt zumindest für Unternehmen mit niedrigen liquiden Mitteln zu einer ähnlichen Schlussfolgerung. Auch bei ihm hat nämlich für diese Unternehmen eine Linderung der

[13] Wiederum ist jedoch anzumerken, dass Lyandres (2007) in einer publizierten Version seines Arbeitspapiers sich auf die Dimension der Marktfriktionen beschränkt.

Beschränktheit in beiden Dimensionen, also Liquiditätsbeschränkungen und Marktfriktionen, dieselbe Auswirkung sowohl auf das Investitionsvolumen als auch auf die Investitionssensitivität.

4.10 Schlussfolgerung

Abschließend soll festgehalten werden, was durch die in der vorliegenden Arbeit abgeleiteten Implikationen speziell auch im Unterschied zu anderen aktuellen Arbeiten postuliert wird. Für die Wahl des Investitionsvolumens in einem finanzierungsbeschränkten Unternehmen, wie auch für die Sensitivität seines Investitionsvolumens bezüglich seines Bestands an liquiden Mitteln, ergeben sich folgende Erkenntnisse:

- Das Investitionsvolumen kann nichtmonoton im Grad der Beschränktheit sein, wobei dies für beide Dimensionen der Beschränktheit gilt (gemäß den Implikationen I und IV).

- Innerhalb Gruppen von Unternehmen mit großem sowie mit niedrigem Bestand an liquiden Mitteln, für welche die Sensitivität des Investitionsvolumens bezüglich des Bestands an liquiden Mitteln ein einheitliches Vorzeichen hat, können die absoluten Werte dieser Sensitivitäten als gutes Maß für den Grad der Beschränktheit angesehen werden (gemäß den Implikationen II und III). Jedoch können die Sensitivitäten bei einem mittleren Niveau von liquiden Mitteln stark nichtmonoton in der Beschränktheit sein (gemäß Implikation IV).

- Beide Dimensionen der Beschränktheit, also Liquiditätsbeschränkungen und Marktfriktionen, haben ähnliche Effekte für das Investitionsvolumen und die Sensitivität bei Unternehmen mit großem sowie mit niedrigem Bestand an liquiden Mitteln (gemäß den Implikationen II und III). Wiederum muss dies für ein mittleres Niveau von liquiden Mitteln nicht zutreffen (gemäß Implikation IV).

Abgesehen von der Diskussion, ob *Investment-Cash-Flow*-Sensitivitäten ein gutes Maß für Finanzierungsbeschränkungen sind, sehen Kaplan und Zingales (2000, S. 711) als eine noch wichtigere Frage für die zukünftige Forschung an: "*What causes this sensitivity? We do not pretend to have given an answer to this.*" Hier trägt das vorliegende Kapitel zum Verständnis der Investitionsentscheidung als eines dynamischen Abwägungsproblems bei, und es liefert eine Erklärung, warum es nichtmonotone Effekte beider Dimensionen der Beschränktheit auf die Investitionsentscheidung geben kann und wie diese aussehen.

Die dargestellte große Bedeutung des Bestands an liquiden Mitteln für finanzierungsbeschränkte Unternehmen wirft die Frage auf, wie es sichergestellt werden kann, dass dieser bei Bedarf tatsächlich vorhanden ist. Eine vielzitierte Arbeit von Froot, Scharfstein und Stein (1993) zeigt, wie Risikomanagement mit Derivaten bei einer gegebenen Korrelation zwischen *Cash-Flow* und Investitionsmöglichkeiten wertsteigernd wirken kann. Eine ähnliche Fragestellung untersuchen auch Mello und Parsons (2000), und die Arbeit von Boyle und Guthrie (2006) zeigt auf, wie der im aktuellen Kapitel vorgestellte Modellrahmen um den Aspekt des Risikomanagements erweitert werden könnte.

Generell öffnet sich neben dem Risikomanagement noch eine Vielzahl von weiteren Fragestellungen, sobald das Unternehmen auf die Entwicklung seiner liquiden Mittel im Zeitablauf Einfluss nehmen kann. So ist beispielsweise zu untersuchen, nach welchen Regeln das Unternehmen seine Dividendenausschüttungen vornehmen sollte.[14] Im aktuellen Kapitel wurde dagegen der Fokus darauf gelegt, wie das Unternehmen seine Investitionsentscheidung für eine exogen gegebene Entwicklung der liquiden Mittel treffen sollte.

[14] Vgl. z.B. Fan und Sundaresan (2000).

Kapitel 5

Investment-Timing bei Interessenkonflikten

In diesem Kapitel wird wiederum das in Kapitel 2 vorgestellte Entscheidungsproblem über den optimalen Investitionszeitpunkt aufgegriffen. Während es in einer vollkommenen Welt keine Interessenkonflikte zwischen unterschiedlichen Parteien bei der Wahl des optimalen Investitionszeitpunkts gibt, soll jetzt untersucht werden, welche Konsequenzen es hat, wenn das Unternehmen bereits bestehendes Fremdkapital besitzt.[1]

Allgemein entstehen dadurch für die Eigenkapitalgeber Anreize, die Investitionsentscheidung nicht so zu treffen, dass der Gesamtwert des Unternehmens maximiert wird. Vielmehr versuchen die Eigenkapitalgeber, den Wert ihres eigenen Anspruchs auf Kosten der Fremdkapitalgeber zu steigern. Wiederum heißt das im vorliegenden Modellrahmen, dass eine Investitionsschwelle gewählt wird, die über oder unter der eines rein eigenfinanzierten Unternehmens liegt. Dies soll, wie schon in Kapitel 2 erklärt, als *Under*- bzw. *Overinvestment* interpretiert werden.[2]

---

[1] Dieses Kapitel folgt weitgehend Hirth und Uhrig-Homburg (2007a).

[2] Vgl. hierzu auch die ausführliche Diskussion der Analogie zwischen Investitionsschwelle und Investitionsvolumen in Abschnitt 4.4.

Hierbei wird stets angenommen, dass es keine Möglichkeit gibt, die Investitionsentscheidung durch einen bindenden Vertrag vorab festzulegen. Das ist die zentrale im aktuellen Kapitel betrachtete Friktion, welche Interessenkonflikte zwischen Eigenkapital- und Fremdkapitalgebern nach sich zieht. Letztlich wäre eine Festlegung nämlich im Interesse der Eigenkapitalgeber, da bei der vorgelagerten Aufnahme von Fremdkapital sie selbst die Kosten dafür tragen, dass sie sich nicht zu einem gesamtwertmaximierenden Verhalten verpflichten können.

Der Beitrag dieses Kapitels besteht vor allem darin zu untersuchen, inwieweit die nicht direkt durch einen bindenden Vertrag lösbaren Interessenkonflikte durch eine geeignete Wahl des Bestands an liquiden Mitteln gelindert werden können. In einem zweiten Schritt wird das Zusammenspiel der Entscheidung über liquide Mittel und Kapitalstruktur analysiert.

Die in den Kapiteln 3 und 4 untersuchte Friktion der Informationsasymmetrie und die daraus resultierenden Finanzierungskosten bei der Aufnahme von Fremdkapital sollen hier **nicht** berücksichtigt werden.

5.1 Modellrahmen

Im folgenden wird ein teilweise fremdfinanziertes Unternehmen betrachtet, welches zum Zeitpunkt t das Recht mit Wert $F^o(V)$ besitzt, in ein Projekt mit Wert V zu investieren. Der Projektwert V folgt dabei einer Geometrisch-Brownschen Bewegung gemäß (2.1), also

$$dV = (\mu - \delta)V dt + \sigma V dW.$$

Das Superskript o bezeichnet den im Mittelpunkt des Interesses stehenden Zustand eines teilweise fremdfinanzierten Unternehmens vor Investition, im Gegensatz zu zwei Randfällen, die im folgenden eingeführt werden. Letztere werden nach Investition bzw. nach Ausfall erreicht.

Neben dem Investitionsrecht besitzt das Unternehmen noch einen Bestand X an liquiden Mitteln, die in einem Geldmarktkonto angelegt sind. Dieser bleibt bis zum Investitionszeitpunkt konstant, während der Strom der Zinserträge rX an die Eigenkapitalgeber ausgeschüttet wird. Hierbei wird von einer Besteuerung dieser Zinserträge abgesehen.

Die Eigenkapitalgeber haben jederzeit die Möglichkeit, ihr Recht zu nutzen. Dabei müssen sie einen Betrag I investieren, um anstelle des Rechts das Projekt mit Wert V zu erhalten. Zur Investition darf der Bestand X an liquiden Mitteln herangezogen werden, so dass die Eigenkapitalgeber den fehlenden Betrag $I - X$ aufbringen müssen. Nach Investition liefert das Projekt einen *Cash-Flow*-Strom von δV, wodurch wie schon in Kapitel 2 Opportunitätskosten des Wartens bestehen, und das Unternehmen die Investition durchführen wird, sobald ein kritischer Wert V_I^o, die Investitionsschwelle, überschritten ist.

Schon an dieser Stelle können zwei Extremsituationen ausgemacht werden: Einerseits müssen im Fall $X = 0$, im Folgenden auch als reine *Asset-Expansion* bezeichnet, die Eigenkapitalgeber den gesamten Investitionsbetrag aufbringen, was den Unternehmenswert als ganzes erhöht. Andererseits gibt es im *Asset-Substitution*-Fall bei $X = I$ keinen Bedarf, für die Investition liquide Mittel über den im Unternehmen vorhandenen Bestand hinaus zur Verfügung zu stellen. Es werden letztlich nur die risikolosen *Cash-Flows* aus dem Geldmarktkonto durch riskante *Cash-Flows* aus dem Projekt ersetzt. Durch Wahl eines dazwischen liegenden $X \in (0, I)$ kann dann eine Vielzahl weiterer Ausgangssituationen modelliert werden.

Es wird eine Fremdkapitalstruktur bestehend aus einem einzigen Konsolbond mit einem Kuponstrom von C betrachtet. Unter der Annahme eines einfachen Steuersystems, in dem Kuponzahlungen auf Unternehmensebene abzugsfähig sind, bleibt nach Steuern eine Zahlungsverpflichtung in Höhe eines Stroms von $(1-\tau)C$, wobei τ den Steuersatz des Unternehmens bezeichnet. Ein Teil davon kann durch die Zinserträge rX aus dem Geldmarktkonto abgedeckt werden. Der verbleibende Zahlungsstrom

$$(1-\tau)C - rX, \tag{5.1}$$

der im Zeitablauf konstant bleibt, bis das Unternehmen die Investition durchführt, muss jedoch von den Eigenkapitalgebern aufgebracht werden. Der Gesamtwert von Eigenkapital $E^o(V)$ (für *Equity*) und Fremdkapital $D^o(V)$ (für *Debt*) beträgt

$$E^o(V) + D^o(V) = F^o(V) + X + T^o(V), \tag{5.2}$$

wobei $T^o(V)$ (für *Tax Benefits*) den Wert des Steuervorteils bezeichnet. Der Gesamtwert des Unternehmens wird also durch den Wert der Investitionsoption, die liquiden Mittel und den Wert des Steuervorteils gebildet. Für den Spezialfall, dass (5.1) negativ ist, kann die Zahlungsverpflichtung an die Fremdkapitalgeber vollständig durch die Zinserträge abgedeckt werden. Dann gibt es keinen Grund für die Eigenkapitalgeber, jemals vor Investition auszufallen.

In dem näher zu untersuchenden Fall, in dem (5.1) positiv ist, tritt Ausfall ein, sobald die Eigenkapitalgeber nicht mehr bereit sind, die erforderlichen Zahlungen aufzubringen. Dies ist allgemein der Fall, sobald ein kritischer Projektwert V_B^o (für *Bankruptcy*) unterschritten wird. In der Folge haben die bisherigen Eigenkapitalgeber keine Rechte oder Pflichten mehr, und die bisherigen Fremdkapitalgeber erhalten die Aktiva des Unternehmens mit Wert

$$E^e(V) = F^e(V) + X. \tag{5.3}$$

Deren Wert setzt sich also aus dem Wert der Investitionsoption und den liquiden Mitteln zusammen. Hier bezeichnet das Superskript e das rein eigenfinanzierte Unternehmen vor Investition, wie in Kapitel 2 eingeführt. Die Existenz der liquiden Mittel X im Unternehmen hat keinen Einfluss auf die Investitionsentscheidung mehr, da es nun keinen Interessenkonflikt zwischen verschiedenen Kapitalgebern mehr gibt. Die Fremdkapitalgeber wählen also die in Kapitel 2 abgeleitete Investitionsschwelle V_I^e, die den Wert der Investitionsoption ohne Nebenbedingungen maximiert. Diese wird jedoch im allgemeinen von der Schwelle V_I^o des teilweise fremdfinanzierten Unternehmens vor Investition abweichen. Deshalb übersteigt der Wert der Investitionsoption $F^e(V)$ im allgemeinen den Wert $F^o(V)$.

Auf der anderen Seite gibt es die Möglichkeit, dass zuerst die Investitionsschwelle V_I^o erreicht wird, bevor das Unternehmen ausfällt. Dann geht es mit Durchführung der Investition in den zweiten möglichen Randfall über. Die Aktiva nach Investition bestehen dann nur noch aus dem Projekt mit Wert V, welches den *Cash-Flow* δV liefert. Da das Fremdkapital weiterhin besteht, erhalten die Eigenkapitalgeber jetzt einen Nettodividendenstrom nach Kuponzahlung von

$$\delta V - (1 - \tau)C.$$

Falls $\delta V - (1 - \tau)C < 0$, müssen die Eigenkapitalgeber den fehlenden Zahlungsstrom aufbringen, um den Ausfall des Unternehmens zu verhindern. Die Bilanzgleichung des Unternehmens lautet jetzt

$$E^i(V) + D^i(V) = V + T^i(V),$$

wobei das Superskript i den Zustand nach Investition bezeichnet. Der Gesamtwert des Unternehmens besteht also aus den Aktiva, d.h. dem Projekt, sowie dem Wert des Steuervorteils. In diesem Zustand folgt die Entwicklung der Aktiva einem exogenen Prozess gemäß (2.1). Somit verbleibt den Eigenkapitalgebern lediglich zu entscheiden, ob sie die Kuponzahlungen an die Fremdkapitalgeber weiterhin leisten oder einstellen. Letzteres kommt einem Ausfall gleich und tritt genau dann ein, wenn ein kritischer Projektwert von V_B^i unterschritten wird. Wie auch die Investitionsentscheidung in Zustand e kann die

Ausfallentscheidung in Zustand i von der in Zustand o abweichen.

Wenn das Unternehmen bereits investiert hat und anschließend das Ausfallereignis eintritt, so übernehmen die Fremdkapitalgeber die Aktiva V und werden neue Besitzer eines rein eigenfinanzierten Unternehmens, ihr Wert lautet also

$$E^{ie}(V) = V,$$

wobei das Superskript ie das rein eigenfinanzierte Unternehmen nach Investition bezeichnet. In demselben Zustand endet das Unternehmen auch, wenn es zuerst ausfällt und später das rein eigenfinanzierte Unternehmen in den Händen der früheren Fremdkapitalgeber das Investitionsprojekt startet. Ein wichtiger Unterschied zwischen diesen beiden Abfolgen von Zustandsübergängen besteht jedoch darin, dass der fehlende Betrag $I - X$ im letzteren Fall durch die bisherigen Fremdkapitalgeber aufgebracht wird, während dies die Eigenkapitalgeber übernommen haben, sofern zuerst Investition und dann Ausfall eingetreten ist.

Die beschriebenen Zustandsübergänge in Abhängigkeit der Entwicklung des Projektwerts V sind grafisch in Abbildung 5.1 veranschaulicht. Während im folgenden zunächst vorausgesetzt wird, dass das Fremdkapital bereits im Unternehmen ist, wird in Abschnitt 5.6 auch die vorgelagerte Entscheidung über die optimale Kapitalstruktur analysiert.

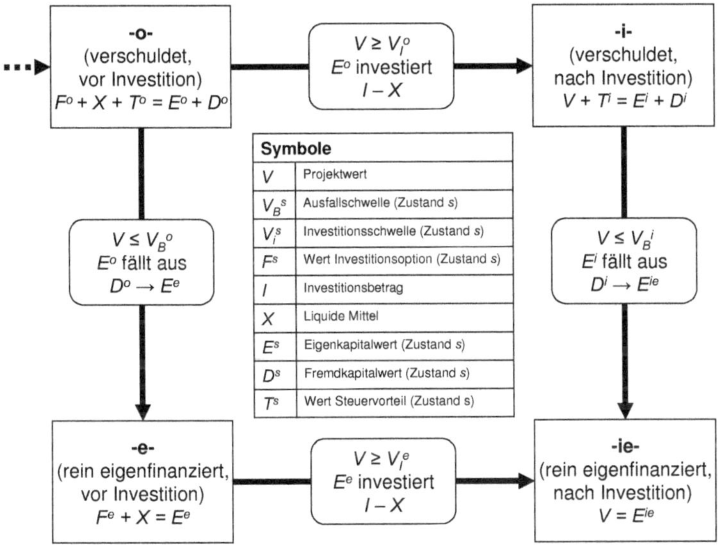

Abbildung 5.1: Zustandsübergänge.

Dargestellt sind die möglichen Zustandsübergänge des Unternehmens abhängig von der Entwicklung des Projektwerts V. Beginnend in Zustand o, investiert das Unternehmen, sobald V_I^o erreicht wird, wobei die Eigenkapitalgeber den Betrag $I - X$ zur Verfügung stellen. Umgekehrt tritt Ausfall ein, wenn V_B^o erreicht wird. Dann werden die bisherigen Fremdkapitalgeber zu den neuen Eigenkapitalgebern und investieren $I - X$, sobald V_I^e erreicht wird. Auf der anderen Seite ist auch nach Investition (Zustand i) immer noch Ausfall möglich, wenn der Projektwert V_B^i erreicht wird. In den beiden letzten Fällen führt der folgende Zustandsübergang das Unternehmen in den Zustand ie, in dem sowohl Investition als auch Ausfall bereits stattgefunden haben. Der gepunktete Pfeil in den Zustand o symbolisiert die vorausgegangene Fremdkapitalaufnahme des rein eigenfinanzierten Unternehmens.

5.2 Basiswertpapiere

Um die Ableitung und die Interpretation der Werte von Eigen- und Fremdkapital in den verschiedenen Zuständen zu erleichtern, werden im folgenden drei Basiswertpapiere eingeführt, welche als Bausteine für alle komplizierteren Strukturen dienen.[3] Allgemein gelte hier, dass sich der aktuelle Projektwert V, welcher weiterhin der Geometrisch-Brownschen Bewegung (2.1) folgt, im Bereich zwischen einer Untergrenze V_B und einer Obergrenze V_I befinde, wobei $V_B < V_I$. Die Untergrenze wird als Ausfallschwelle interpretiert, wobei ein $V_B = 0$ bedeutet, dass das Unternehmen nicht ausfallen kann, weil der Prozess (2.1) sich dem Wert Null zwar beliebig annähern, ihn aber nicht erreichen kann. Umgekehrt wird die Obergrenze als Investitionsschwelle interpretiert, wobei $V_I = \infty$ eine zulässige Belegung ist, die besagt, dass dem Unternehmen keine Investitionsmöglichkeit zur Verfügung steht.

Das erste Basiswertpapier, bezeichnet mit $\mathbf{B}_I(V; V_B, V_I)$, bezahlt eine Geldeinheit beim Erreichen von V_I und verfällt wertlos beim Erreichen von V_B. Zwischenzeitliche Zahlungen leistet es keine. Wenn das in V enthaltene Risiko handelbar ist, erfüllt dieses Wertpapier die gewöhnliche Differentialgleichung

$$\frac{1}{2}\sigma^2 V^2 (\mathbf{B}_I)_{VV} + (r - \delta) V (\mathbf{B}_I)_V = r\mathbf{B}_I \quad \forall V \in [V_B, V_I], \tag{5.4}$$

wobei $(\mathbf{B}_I)_V$ und $(\mathbf{B}_I)_{VV}$ die erste bzw. zweite Ableitung nach V bezeichnen.[4]

[3]Einen ähnlichen Ansatz verfolgen auch Ericsson und Reneby (1998), die für den Fall mit expliziter Zeitabhängigkeit, allerdings nur für eine Ausfall- und ohne Investitionsschwelle, Bausteine zur Zerlegung und Bewertung von Anleihen ableiten. Hanke (2003) greift deren Ansatz auf und stellt die Lösungen von Leland (1994) ähnlich dar wie in der vorliegenden Arbeit. Auch er berücksichtigt aber keine Investitionsentscheidungen.

[4]Die Herleitung entspricht der von (2.2), siehe Anhang A.1.

Die Lösung dieser Gleichung mit den Randbedingungen $\mathbf{B}_I(V_B; V_B, V_I) = 0$ und $\mathbf{B}_I(V_I; V_B, V_I) = 1$ (siehe Anhang A.9) ergibt

$$\mathbf{B}_I(V; V_B, V_I) = \begin{cases} 0 & \text{wenn } V_I = \infty \\ \left(\frac{V}{V_I}\right)^{\lambda_1} & \text{wenn } V_B = 0 \text{ und} \\ & V < V_I < \infty \\ \frac{(V_B)^{\lambda_2} \cdot V^{\lambda_1} - (V_B)^{\lambda_1} \cdot V^{\lambda_2}}{(V_I)^{\lambda_1}(V_B)^{\lambda_2} - (V_I)^{\lambda_2}(V_B)^{\lambda_1}} & \text{wenn } V_B > 0 \text{ und} \\ & V_B < V < V_I < \infty \end{cases} \tag{5.5}$$

mit λ_1 gemäß (2.6), also

$$\lambda_1 = \frac{1}{2} - \frac{r - \delta}{\sigma^2} + \sqrt{\frac{2r}{\sigma^2} + \left(\frac{1}{2} - \frac{r - \delta}{\sigma^2}\right)^2},$$

und

$$\lambda_2 = \frac{1}{2} - \frac{r - \delta}{\sigma^2} - \sqrt{\frac{2r}{\sigma^2} + \left(\frac{1}{2} - \frac{r - \delta}{\sigma^2}\right)^2}.$$

Wenn $V_I = \infty$, so ist $\mathbf{B}_I(V; V_B, V_I) = 0$, da keine Zahlungen auftreten werden. Für den Fall $V_B = 0$ reduziert sich dieses Basiswertpapier auf den schon aus Kapitel 2 bekannten Abzinsungsfaktor $\left(\frac{V}{V_I}\right)^{\lambda_1}$, dessen Diskontierung um so stärker wirkt, je weiter der Projektwert V unterhalb der Schwelle V_I liegt und je größer λ_1 ist. Dort wurde erklärt, dass beide Effekte eine längere voraussichtliche Wartezeit bis zum Erreichen von V_I bewirken. Wenn $V_B > 0$ und $V_I < \infty$, so ergibt sich der dritte, etwas kompliziertere Ausdruck, dessen wichtigste Eigenschaft ist, dass er die beiden Randbedingungen $\mathbf{B}_I(V_B; V_B, V_I) = 0$ und $\mathbf{B}_I(V_I; V_B, V_I) = 1$ erfüllt. Im inneren Bereich steigt er monoton in V wegen der voraussichtlich kürzeren Wartezeit bis zum Erreichen von V_I und der abnehmenden Gefahr, dass das Basiswertpapier die Schwelle V_B erreicht und damit wertlos wird.

Ganz ähnlich ist das zweite Basiswertpapier konstruiert, bezeichnet mit

$\mathbf{B}_B(V; V_B, V_I)$. Es bezahlt eine Geldeinheit beim Erreichen von V_B und verfällt wertlos beim Erreichen von V_I. Zwischenzeitliche Zahlungen leistet es ebenfalls keine. Gleichung (5.4) gilt auch für $\mathbf{B}_B$ analog, und die Lösung dieser Gleichung mit den Randbedingungen $\mathbf{B}_B(V_B; V_B, V_I) = 1$ und $\mathbf{B}_B(V_I; V_B, V_I) = 0$ (siehe Anhang A.9) ergibt

$$\mathbf{B}_B(V; V_B, V_I) = \begin{cases} 0 & \text{wenn } V_B = 0 \\ \left(\frac{V}{V_B}\right)^{\lambda_2} & \text{wenn } V_I = \infty \text{ und} \\ & 0 < V_B < V \\ \frac{(V_I)^{\lambda_1} \cdot V^{\lambda_2} - (V_I)^{\lambda_2} \cdot V^{\lambda_1}}{(V_I)^{\lambda_1}(V_B)^{\lambda_2} - (V_I)^{\lambda_2}(V_B)^{\lambda_1}} & \text{wenn } V_I < \infty \text{ und} \\ & 0 < V_B < V < V_I. \end{cases} \tag{5.6}$$

Wenn $V_B = 0$, so ist $\mathbf{B}_B(V; V_B, V_I) = 0$. Aufgrund der Eigenschaften des Prozesses kann $V = 0$ zwar beliebig angenähert, jedoch nie erreicht werden. Deshalb werden in diesem Fall keine Zahlungen auftreten. Für den Fall $V_I = \infty$ reduziert sich dieses Basiswertpapier ähnlich wie im zweiten Ausdruck des ersten Basiswertpapiers: Man beachte, dass $\lambda_2 < 0$. So entsteht wiederum ein einfacher Abzinsungsfaktor $\left(\frac{V}{V_B}\right)^{\lambda_2}$, dessen Diskontierung um so stärker wirkt, je weiter der Projektwert V oberhalb der Schwelle V_B liegt und je größer λ_2 betragsmäßig ist. Auch hier liegt das an der längeren voraussichtlichen Wartezeit bis zum Erreichen von V_B. Wenn $V_B > 0$ und $V_I < \infty$, so ergibt sich wiederum ein etwas komplizierterer Ausdruck, dessen wichtigste Eigenschaft ist, dass er die beiden Randbedingungen $\mathbf{B}_B(V_B; V_B, V_I) = 1$ und $\mathbf{B}_B(V_I; V_B, V_I) = 0$ erfüllt. Im inneren Bereich fällt er monoton in V wegen der voraussichtlich längeren Wartezeit bis zum Erreichen von V_B und der zunehmenden Gefahr, dass das Basiswertpapier die Schwelle V_I erreicht und damit wertlos wird.

Das dritte Basiswertpapier $\mathbf{B}_O(V; V_B, V_I)$ liefert einen kontinuierlichen Zahlungsstrom in Höhe des risikolosen Zinssatzes r, während sich der Projektwert in dem Intervall (V_B, V_I) bewegt, und es verfällt dagegen wertlos, sobald eine der beiden Grenzen erreicht wird. Sein Wert ergibt sich aus der Beziehung

$$\mathbf{B}_I(V; V_B, V_I) + \mathbf{B}_B(V; V_B, V_I) + \mathbf{B}_O(V; V_B, V_I) \equiv 1.$$

Diese kann folgendermaßen erklärt werden: Gegeben sei eine Investition, die den risikolosen Zinssatz r liefert, solange der Projektwert in dem Intervall (V_B, V_I) bleibt, jedoch eine Geldeinheit bezahlt, sobald eine der beiden Grenzen erreicht wird, und darüber hinaus keine weiteren Zahlungen liefert. Diese risikolose Investition hat heute einen Wert von einer Geldeinheit, deshalb ergibt die Summe der drei Basiswertpapiere genau eins.

5.3 Zustandsabhängige Lösungen

Im folgenden wird das Modell mit Hilfe der drei Basiswertpapiere rückwärts gelöst: Während der Wert des Eigenkapitals im Zustand ie bereits als V bekannt ist, sollen im folgenden zunächst die aus der Literatur bekannten Lösungen für die Zustände e und i angegeben werden. Anschließend werden diese herangezogen, um die Werte von Eigen- und Fremdkapital im Zustand o abzuleiten.

5.3.1 Investitionsentscheidung des rein eigenfinanzierten Unternehmens

Die Aktivseite des Unternehmens nach Ausfall (Zustand e) besteht gemäß (5.3) aus der Investitionsoption $F^e(V)$ und den liquiden Mitteln X. Da hier ein rein eigenfinanziertes Unternehmen ohne Finanzierungsbeschränkungen vorliegt, haben die liquiden Mittel keinen Einfluss auf die Investitionsentscheidung.[5] Der Wert der Investitionsoption entspricht deshalb dem in (2.5) abgeleiteten Wert. Letzterer lässt sich auch mit Hilfe des Basiswertpapiers $\mathbf{B}_I$ darstellen:

$$F^e(V) = \begin{cases} (V_I^e - I) \cdot \mathbf{B}_I(V, 0, V_I^e) & \text{wenn } 0 \leq V < V_I^e \\ V - I & \text{wenn } V \geq V_I^e \end{cases}$$

Dies gilt, da der Wert der Investitionsoption dem heutigen Wert einer Zahlung $V_I^e - I$ beim Erreichen der Investitionsschwelle V_I^e entspricht. Diese wurde aus der Optimalitätsbedingung (2.7), also

$$F_V^e(V_I^e; V_I^e) = 1,$$

gemäß (2.8) abgeleitet als

$$V_I^e = \frac{\lambda_1}{\lambda_1 - 1} \cdot I,$$

so dass sie den Wert der Investitionsoption maximiert.

5.3.2 Ausfallentscheidung bei exogener Aktivseite

Ebenfalls aus der Literatur bekannt sind die Lösungen für den Eigen- und Fremdkapitalwert eines verschuldeten Unternehmens bei exogener Aktivseite.[6] Dies entspricht hier dem Zustand i nach Investition, in dem die liquiden Mittel X nicht mehr vorhanden sind, da sie bereits zur Finanzierung des Investitionsprojekts verwendet wurden und die Aktivseite nur noch aus dem Projektwert V besteht. Zur Ableitung des Eigenkapitalwerts $E^i(V)$ werden die Randbedin-

[5] Dagegen wurde in Kapitel 4 diskutiert, wie auch ein rein eigenfinanziertes Unternehmen die Wahl des optimalen Investitionszeitpunkts von seinen liquiden Mitteln abhängig macht, wenn es Finanzierungsbeschränkungen unterliegt.

[6] Vgl. Black und Cox (1976) und Leland (1994), dort ist jedoch $\delta = 0$. Uhrig-Homburg (2005) liefert eine Erweiterung von Leland (1994), in der ebenfalls $\delta > 0$ ist und der *Cash-Flow*-Strom δV zur Finanzierung der Zahlungsverpflichtung an die Fremdkapitalgeber genutzt werden kann. Die Autorin berücksichtigt weiter Eigenkapital-Emissionskosten, um die Insolvenztatbestände Zahlungsunfähigkeit und Überschuldung gegeneinander abzugrenzen.

gungen

$$\begin{aligned}\lim_{V\to\infty} E_V^i(V) &= 1,\\ E^i(V_B^i) &= 0, \text{ sowie}\\ E_V^i(V_B^i) &= 0 \end{aligned} \tag{5.7}$$

benötigt. Die ersten beiden Bedingungen besagen, dass sich für einen ausreichend hohen Projektwert der Eigenkapitalwert eins zu eins mit V verändert, sowie dass die Eigenkapitalgeber bei Ausfall keine Zahlung erhalten. Die Optimalitätsbedingung (5.7) stellt sicher, dass die Ausfallschwelle V_B^i tatsächlich den Eigenkapitalwert maximiert. Der Anspruch der Eigenkapitalgeber besteht darin, dass sie den Projektwert halten und den Nettokupon begleichen müssen, bis sie sich entscheiden auszufallen. Daher lässt sich der Eigenkapitalwert $E^i(V)$ darstellen als

$$E^i(V) = \begin{cases} 0 & \text{wenn } 0 \leq V \leq V_B^i \\ V - V_B^i \cdot \mathbf{B}_B(V; V_B^i, \infty) & \\ -\dfrac{(1-\tau)C}{r} \cdot \mathbf{B}_O(V; V_B^i, \infty) & \text{wenn } V > V_B^i. \end{cases} \tag{5.8}$$

Durch Lösen von (5.7) mit (5.8) ergibt sich die Ausfallschwelle als

$$V_B^i = \frac{\lambda_2}{\lambda_2 - 1} \cdot \frac{(1-\tau)C}{r}. \tag{5.9}$$

Entsprechend ergibt sich der Fremdkapitalwert $D^i(V)$ mit Hilfe der Bedingungen

$$\begin{aligned}\lim_{V\to\infty} D^i(V) &= \frac{C}{r} \text{ und}\\ D^i(V_B^i) &= V_B^i. \end{aligned}$$

Diese sagen aus, dass für einen ausreichend hohen Projektwert der Anspruch des Fremdkapitals quasi risikolos wird, sowie dass die Fremdkapitalgeber bei Ausfall die Aktiva V erhalten. Wichtig ist, dass es in diesem Fall keine neue Optimalitätsbedingung gibt – die Ausfallschwelle V_B^i wird nämlich nach wie vor von den Eigenkapitalgebern gemäß (5.9) gewählt. Wenn sich der Projektwert V oberhalb der Ausfallschwelle V_B^i befindet, kann der Fremdkapitalwert als Portefeuille aus der bedingten Zahlung V_B^i bei Ausfall und dem Zahlungsstrom C bis Ausfall aufgefasst werden. Dementsprechend beträgt der Fremdkapitalwert

$$D^i(V) = \begin{cases} V & \text{wenn } 0 \leq V \leq V_B^i \\ V_B^i \cdot \mathbf{B}_B(V; V_B^i, \infty) + \dfrac{C}{r} \cdot \mathbf{B}_O(V; V_B^i, \infty) & \text{wenn } V > V_B^i. \end{cases}$$

5.3.3 Investitionsentscheidung des teilweise fremdfinanzierten Unternehmens

Nachdem in den letzten beiden Abschnitten Lösungen für die Randfälle von Zustand o, nämlich die beiden Zustände e und i, präsentiert wurden, sind jetzt die Voraussetzungen geschaffen, um die Werte von Eigen- und Fremdkapital des verschuldeten Unternehmens mit Investitionsoption abzuleiten.

Zunächst soll der Eigenkapitalwert $E^o(V)$ betrachtet werden. Dieser muss an der Investitionsschwelle V_I^o die Randbedingung

$$E^o(V_I^o) = E^i(V_I^o) - (I - X),$$

erfüllen, da die Eigenkapitalgeber bei Investition den Betrag $I - X$ zur Verfügung stellen müssen und anschließend einen Anspruch mit Wert $E^i(V_I^o)$ gemäß (5.8) halten. Dies kann auch als die Anzahl $\mathbf{B}_I$-Basiswertpapiere verstanden werden, die im Eigenkapitalwert enthalten sind.

Bezüglich der Ausfallentscheidung müssen zwei Fälle unterschieden werden: Wenn die Nettozahlungsverpflichtung der Eigenkapitalgeber (5.1) negativ ist, d.h. wenn sie eine Nettodividende erhalten, dann haben sie vor Investition nie einen Grund auszufallen, und sie werden $V_B^o = 0$ wählen. In diesem Fall nähert sich für sehr niedrige Projektwerte, d.h. sehr geringe Wahrscheinlichkeit, dass die Investition bald durchgeführt wird, der Wert ihres Anspruchs dem Barwert ihrer Nettodividende unter Sicherheit, also ganz ohne Investitionsmöglichkeit, an. Formal heißt dies, dass

$$\lim_{V \to 0} E^o(V) = X - \frac{(1-\tau)C}{r} > 0.$$

Im zweiten Fall allerdings, wenn die Nettozahlungsverpflichtung der Eigenkapitalgeber (5.1) positiv ist, gibt es eine "echte" Ausfallentscheidung, d.h. eine positive Ausfallschwelle V_B^o, unterhalb derer die Eigenkapitalgeber nicht weiter bereit sind, zur Begleichung der Kupons etwas zuzuschießen. Die zugehörige Randbedingung lautet

$$E^o(V_B^o) = 0,$$

da die Eigenkapitalgeber bei Ausfall ihre Rechte und Pflichten im Unternehmen verlieren.

Insgesamt kann der Eigenkapitalwert als Portefeuille aus einem Zahlungsstrom von $rX - (1-\tau)C$, solange weder Investition noch Ausfall auftritt, sowie einer Zahlung von $E^i(V_I^o) - (I - X)$ bei Investition aufgefasst werden. Mit Hilfe der Basiswertpapiere $\mathbf{B}_O$ und $\mathbf{B}_I$ lässt sich somit $E^o(V)$ darstellen als

$$E^o(V) = \begin{cases} 0 & \text{wenn } 0 < V \leq V_B^o \\ \left(X - \dfrac{(1-\tau)C}{r}\right) \cdot \mathbf{B}_O(V; V_B^o, V_I^o) \quad + & \\ (E^i(V_I^o) - (I - X)) \cdot \mathbf{B}_I(V; V_B^o, V_I^o) & \text{wenn } V_B^o < V < V_I^o \\ E^i(V) - (I - X) & \text{wenn } V \geq V_I^o. \end{cases} \tag{5.10}$$

Zur Bestimmung der zugehörigen Investitions- und Ausfallschwellen müssen die Optimalitätsbedingungen für den Eigenkapitalwert an den Rändern herangezogen werden. Man beachte, dass hier zunächst nur die sogenannte *Second-*

best-Lösung dargestellt wird, also unter der Annahme, dass das Unternehmen den Eigenkapitalwert nach Fremdkapitalaufnahme maximiert. In Abschnitt 5.6 wird diese der *First-best*-Lösung gegenübergestellt, also derjenigen, die den Gesamtwert von Eigen- und Fremdkapital maximiert. Damit die gewählte Investitionschwelle V_I^o den Eigenkapitalwert maximiert, muss gelten, dass

$$E_V^o(V_I^o) = E_V^i(V_I^o). \tag{5.11}$$

Für den Fall, dass überhaupt Ausfall auftreten kann, also wenn (5.1) und damit auch V_B^o positiv ist, stellt die zweite Optimalitätsbedingung

$$E_V^o(V_B^o) = 0 \tag{5.12}$$

sicher, dass die resultierende Ausfallschwelle V_B^o ebenfalls den Eigenkapitalwert maximiert.

Auch für den Fremdkapitalwert $D^o(V)$ gelten gut nachvollziehbare Randbedingungen: Bei V_I^o muss gelten, dass

$$D^o(V_I^o) = D^i(V_I^o),$$

da hier der Fremdkapitalwert vor Investition in den Wert nach Investition übergeht. Bezüglich der Ausfallschwelle V_B^o müssen wiederum zwei Fälle unterschieden werden. Wenn (5.1) negativ ist, dann gilt $V_B^o = 0$ und

$$\lim_{V \to 0} D^o(V) = \frac{C}{r}.$$

Der Anspruch des Fremdkapitals nähert sich dann dem Wert eines risikolosen Konsolbonds an. Wenn allerdings (5.1) positiv ist, dann gilt bei V_B^o die Randbedingung

$$D^o(V_B^o) = E^e(V_B^o),$$

da die Fremdkapitalgeber bei Ausfall zu den neuen Eigenkapitalgebern eines rein eigenfinanzierten Unternehmens werden. Insgesamt lässt sich der Fremdkapitalwert für $V_B^o < V < V_I^o$ als Portefeuille interpretieren, das aus dem Recht besteht, bei Ausfall die Zahlung $E^e(V_B^o)$ zu erhalten, weiter aus einem Strom von C, solange weder Ausfall noch Investition eintritt, und zuletzt der Zahlung $D^i(V_I^o)$ bei Investition. Dies gilt für beide diskutierten Fälle. Für den ersten Fall, in dem (5.1) negativ ist und somit $V_B^o = 0$, wird jedoch der erste genannte Bestandteil zu Null. Die Lösung für $D^o(V)$ lautet also

$$D^o(V) = \begin{cases} E^e(V) & \text{wenn } 0 \leq V \leq V_B^o \\ E^e(V_B^o) \cdot \mathbf{B}_B(V; V_B^o, V_I^o) & \\ +\dfrac{C}{r} \cdot \mathbf{B}_O(V; V_B^o, V_I^o) & \\ +D^i(V_I^o) \cdot \mathbf{B}_I(V; V_B^o, V_I^o) & \text{wenn } V_B^o < V < V_I^o \\ D^i(V) & \text{wenn } V \geq V_I^o \end{cases}$$

Es bleibt zu erwähnen, dass es zur Bestimmung des Fremdkapitalwerts genau wie in Abschnitt 5.3.2 keine Optimalitätsbedingungen gibt, da es das Recht der Eigenkapitalgeber ist, die Investitions- und Ausfallschwellen so zu wählen, dass der Wert ihres Anspruchs maximiert wird. Daher ergeben sich V_B^o und V_I^o weiterhin aus der Maximierung von (5.10), abgebildet durch die Optimalitätsbedingungen (5.11) und ggf. (5.12).

5.4 Einflussgrößen auf die Investitionsentscheidung

In diesem Abschnitt soll zuerst diskutiert werden, wie sich der Verschuldungsgrad des Unternehmens, der im Modellrahmen über die Höhe des Kupons C bestimmt ist, auf die Investitionsentscheidung auswirkt. Anschließend wird untersucht, wie die Investitionsentscheidung bei einem gegebenen Verschuldungsgrad vom Bestand an liquiden Mitteln im Unternehmen abhängt. Beide Effekte werden noch von weiteren Charakteristika des Investitionsprojekts beeinflusst. Am wichtigsten ist das Projektrisiko, welches auch eigens untersucht werden wird.

Anschließend soll in Abschnitt 5.5 gezeigt werden, welcher Wertverlust aus Gesamtunternehmenssicht durch eine Entscheidung im Sinne allein der Eigenkapitalgeber entstehen kann. Um diesen Wertverlust separat messen zu können, wird von Besteuerung abgesehen, im aktuellen Abschnitt 5.4 sowie im folgenden Abschnitt 5.5 gilt also $\tau = 0$ und dadurch auch $T^i(V) = T^o(V) = 0$. Es wird gezeigt werden, dass in diesem Fall durch eine geeignete Wahl der liquiden Mittel der Wertverlust komplett vermieden werden kann. Da es ohne Steuervorteil im Modellrahmen jedoch keinen Grund gibt, überhaupt Fremdkapital im Unternehmen zu haben, muss eine bestimmte Kapitalstruktur, also ein bestimmter Kupon C_0 des bestehenden Fremdkapitals, exogen vorgegeben werden.

Dagegen wird dann im Abschnitt 5.6 untersucht werden, wie die gemeinsame Wahl von liquiden Mitteln und Kapitalstruktur vorgenommen wird, wenn gleichzeitig auch ein Steuervorteil besteht ($\tau > 0$), und somit ein modellendogener Grund für die Aufnahme von Fremdkapital existiert.

5.4.1 Investition und Kapitalstruktur

Zuerst soll die Bedeutung der einzigen modellierten Determinante der Kapitalstruktur, nämlich des Verschuldungsgrades, gemessen durch den Kupon C, für die Investitionsentscheidung untersucht werden. Aus Abschnitt 5.3.1 ist bereits bekannt, dass ein unverschuldetes Unternehmen, also eines mit $C = 0$, die Investitionsschwelle V_I^e wählt, unabhängig vom Bestand X an liquiden Mitteln. Dies ist in Abbildung 5.2 zu erkennen. Außerdem zeigt diese, dass die

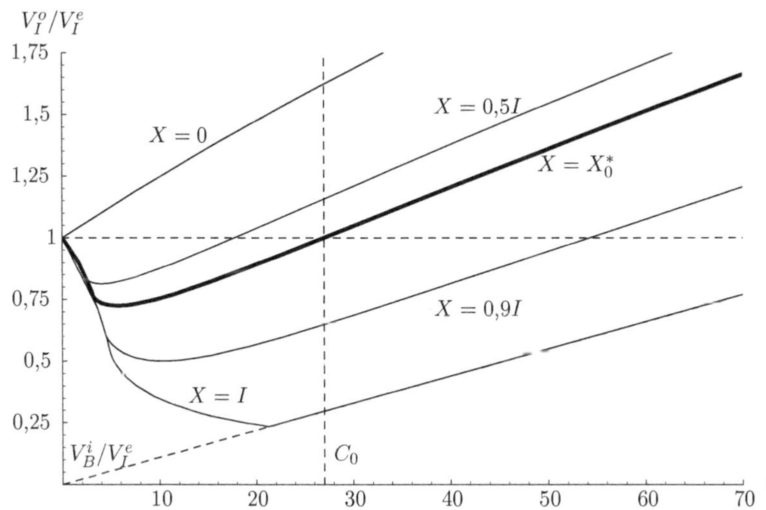

Abbildung 5.2: Investitionsschwelle des verschuldeten Unternehmens als Funktion des Kupons.

Die Investitionsschwelle des verschuldeten Unternehmens V_I^o, normiert durch die Investitionsschwelle des rein eigenfinanzierten Unternehmens V_I^e, ist für verschiedene Bestände X an liquiden Mitteln als Funktion des Fremdkapitalkupons C, also des Verschuldungsgrads, dargestellt (durchgezogene Linien). Das Unternehmen verfolgt die *Second-Best*-Strategie, also diejenige, die nach der Aufnahme von Fremdkapital den Eigenkapitalwert maximiert. Weiter ist die Investitionsschwelle des rein eigenfinanzierten Unternehmens abgetragen, welche zu 1 normiert und unabhängig von C ist, und die Ausfallschwelle nach Investition V_B^i/V_I^e. Das Kuponniveau C_0 wird in Abbildung 5.3 festgehalten werden. Die verwendeten Parameterwerte finden sich in Tabelle 5.1, Steuern werden nicht berücksichtigt ($\tau = 0$).

Auswirkung eines positiven Verschuldungsgrades stark davon abhängt, welchen Bestand an liquiden Mitteln das Unternehmen hat. Die für das Beispiel gewählten Parameterwerte finden sich in Tabelle 5.1. Im Vergleich zu den vorigen Kapiteln wird hier ein riskanteres Projekt betrachtet, d.h. eines mit höherer Volatilität des Projektwerts σ, welches außerdem eine höhere *Cash-Flow*-Rate δ aufweist. Für ein Unternehmen, das eine Investitionsmöglichkeit mit solchen Charakteristika besitzt, sind Interessenkonflikte bezüglich der Wahl des Investitionszeitpunkts besonders bedeutsam.

Tabelle 5.1: Parameterwerte für Kapitel 5.

Parameter	Wert
Investitionsbetrag	$I = 100$
Volatilität des Projektwerts	$\sigma = 0{,}5$
Cash-Flow-Rate des Projektes	$\delta = 0{,}05$
Risikoloser Zinssatz	$r = 0{,}05$

Für $X = 0$ handelt es sich um die Reinform von *Asset-Expansion*: Der komplette Investitionsbetrag I muss von außen zugeführt werden, und zwar von den Eigenkapitalgebern. Diese sorgen sich darum, dass der Investitionsbetrag zu einem Teil auch den Fremdkapitalgebern zugute kommt, da er den Wert der beschränkten Haftung des Eigenkapitals reduziert. Schließlich wird bei Investition das haftende Kapital erhöht, und so wird es bei ansonsten gleichen Bedingungen nach Investition später zu einem Ausfall kommen, die Eigenkapitalgeber werden länger bereit sein, ihren Beitrag zu den Kuponzahlungen zu leisten. All dies führt zu dem bereits von Myers (1977) identifizierten *Underinvestment*-Problem, was in der vorliegenden Modellwelt bedeutet, dass das Unternehmen einen höheren Projektwert abwartet als das rein eigenfinanzierte Unternehmen, d.h. $V_I^o/V_I^e > 1$, und somit länger wartet als aus Gesamtunternehmenssicht vorteilhaft, bis es die Investition durchführt. Dieser Effekt ist um so stärker, je höher der Verschuldungsgrad ist, deshalb steigt die Investitionsschwelle des verschuldeten Unternehmens in C immer weiter über die Schwelle des rein eigenfinanzierten Unternehmens hinaus.

Umgekehrt kann durch sofortige Ausübung der Investitionsoption der gesamte Unternehmenswert genau um $V - I$ erhöht werden, relativ zu der Situation ganz ohne Investitionsoption. Die Eigenkapitalgeber können also mit Hilfe der Investitionsoption den Unternehmenswert steigern. Wenn sie keinen allzu großen Beitrag zur Finanzierung der Investition leisten müssen, üben sie deshalb früher aus, als das ein rein eigenfinanziertes Unternehmen täte, d.h. $V_I^o/V_I^e < 1$, damit sie in den Genuss dieser Wertsteigerung kommen, und sie ihnen nicht mehr durch Ausfall verloren gehen kann.[7] Neben dieser von Lyandres und Zhdanov (2005) ebenfalls im Realoptionskontext abgeleiteten Überlegung gibt es die klassische Idee des *Risk-Shifting* nach Jensen und Meckling (1976), nach der es im Sinne der Eigenkapitalgeber ist, das Risiko der bestehenden Aktiva zu erhöhen, da sie dann die oben schon erwähnte beschränkte Haftung zu ihren Gunsten ausnutzen können.[8] Beide Effekte treten am deutlichsten im reinen *Asset-Substitution*-Fall auf, wenn $X = I$, also der komplette Investitionsbetrag bereits im Unternehmen vorhanden ist. Wiederum wirken sie um so stärker, je höher der Verschuldungsgrad ist. Es werden also immer unprofitablere Projekte akzeptiert, und speziell Projekte, die ein rein eigenfinanziertes Unternehmen nicht umsetzen würde, was auch als *Overinvestment* bezeichnet wird. Deshalb fällt die Investitionsschwelle des verschuldeten Unternehmens in C, bis sie schließlich die Ausfallschwelle erreicht. Für diesen und alle noch höheren Kupons verschwindet der Zustand o vollständig.

Insgesamt lässt sich festhalten, dass für jede der beiden Reinformen die Abweichung von der Investitionsentscheidung des rein eigenfinanzierten Unter-

---

[7] In einem anderen Modellrahmen stellen Barclay, Morellec und Smith (2006) fest, dass die *Underinvestment*-Kosten durch Fremdkapital im Volumen der Investitionsmöglichkeiten steigen, da letztere bei Ausfall verloren gingen.

[8] Dies lässt sich, wie bei Jensen und Meckling (1976) diskutiert, im Rahmen von Merton (1974) ableiten, und eine ähnliche Idee wird auch von Leland (1998) modelliert. Während letzterer die wählbare Volatilität nach oben begrenzt, erreichen Chesney und Gibson (1999) mit Hilfe einer exogenen *Down-And-Out*-Barriere, dass für geringe Verschuldung eine endliche Volatilität aus Sicht der Eigenkapitalgeber optimal wird.

nehmens im Verschuldungsgrad immer größer wird. Dies ist auch das Ergebnis einer Simulationsstudie von Parrino und Weisbach (1999).

Werden nun die beiden Reinformen zusammengeführt und ein innerer Wert X zwischen Null und dem Investitionsbetrag I gewählt, so ist die Investitionsschwelle U-förmig im Verschuldungsgrad. Für kleine Kupons dominiert offensichtlich der Effekt des *Risk-Shifting* und der Absicherung der Wertsteigerung, so dass bereits für Projektwerte unterhalb von V_I^e investiert wird. Jedoch wird für einen höheren Kupon ein baldiger Ausfall immer wahrscheinlicher, und damit auch, dass der Beitrag der Eigenkapitalgeber letztlich vor allem den Fremdkapitalgebern zugute kommt. Daher werden erstere wieder zurückhaltender mit der Investition, so dass die Schwelle ab einem bestimmten Kupon wieder ansteigt und schließlich sogar jene des unverschuldeten Unternehmens überschreitet.

5.4.2 Investition und liquide Mittel

Nachdem die liquiden Mittel bislang nur indirekt diskutiert wurden, soll nun die Abhängigkeit der Investitionsentscheidung von den liquiden Mitteln im Zentrum des Interesses stehen. Allgemein ist zu erwarten, dass die Investitionsschwelle V_I^o des verschuldeten Unternehmens in den liquiden Mitteln X fällt: Bei geringem Bestand an liquiden Mitteln sind *Asset-Expansion* und *Underinvestment* ($V_I^o/V_I^e > 1$), wie im vergangenen Abschnitt in Reinform für $X = 0$ aufgezeigt, vorherrschend. Andererseits stehen für Unternehmen mit großem Bestand an liquiden Mitteln die Strategie der *Asset-Substitution* und damit des *Overinvestment* ($V_I^o/V_I^e < 1$) im Mittelpunkt, in Reinform für $X = I$ zu finden. Folglich sollte es einen inneren Wert X_0^* geben (wobei das Subskript 0 den hier in Abschnitt 5.4 betrachteten Fall mit Steuersatz $\tau = 0$ bezeichnet), bei dem das verschuldete Unternehmen die Investitionsentscheidung genau so trifft wie das rein eigenfinanzierte Unternehmen ($V_I^o/V_I^e = 1$).

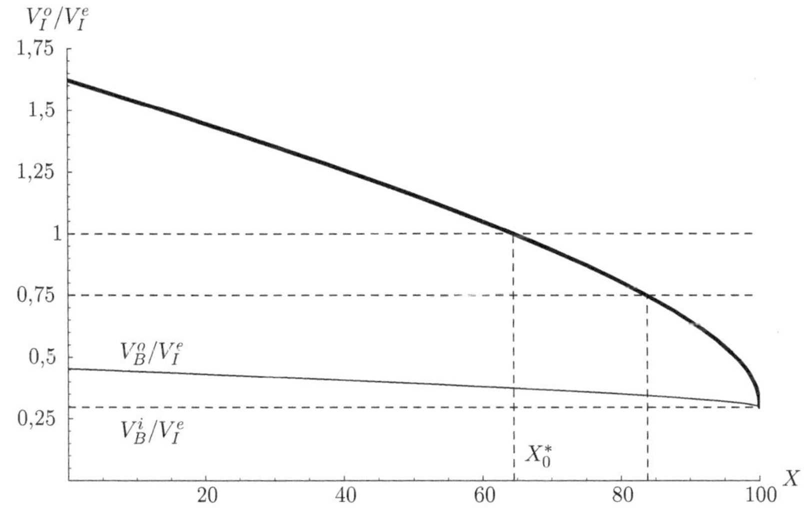

Abbildung 5.3: Investitionsschwelle des verschuldeten Unternehmens als Funktion der liquiden Mittel.

Die Investitionsschwelle des verschuldeten Unternehmens V_I^o, normiert durch die Investitionsschwelle des rein eigenfinanzierten Unternehmens V_I^e, ist für $C = C_0$ als Funktion des Bestands X an liquiden Mitteln dargestellt (durchgezogene Linie). Das Unternehmen verfolgt die *Second-Best*-Strategie, also diejenige, die nach der Aufnahme von Fremdkapital den Eigenkapitalwert maximiert. Weiter ist die Investitionsschwelle des rein eigenfinanzierten Unternehmens abgetragen, welche zu 1 normiert ist, außerdem das Niveau $V_0/V_I^e = 0{,}75$ des später verwendeten aktuellen Projektwerts sowie die Ausfallschwellen vor und nach Investition, V_B^o bzw. V_B^i. Die verwendeten Parameterwerte finden sich in Tabelle 5.1, Steuern werden nicht berücksichtigt ($\tau = 0$).

Wie in Abbildung 5.3 zu sehen, hat die Investitionsschwelle V_I^o des verschuldeten Unternehmens tatsächlich die beschriebene Form, sie fällt also in den liquiden Mitteln X. Wiederum werden die in Tabelle 5.1 gegebenen Parameterwerte verwendet, außerdem gelte für den Kupon des Fremdkapitals $C_0 = 27$.[9] Der jetzt für das gesamte Kontinuum von möglichen X-Werten dargestellte Verlauf lässt sich bereits in Abbildung 5.2 voraussehen, wenn dort für das feste C_0 der jeweilige Wert der Investitionsschwelle für ausgewählte X-Werte verglichen wird. Weiter ist in Abbildung 5.2 zu sehen, dass das Kuponniveau C_0 bereits in dem Bereich liegt, für den bei $X = I$ die Investitions- mit der Ausfallschwelle zusammenfällt. Letzteres ist wiederum auch am rechten Rand von Abbildung 5.3 zu sehen. Für den optimalen Bestand an liquiden Mitteln, im Beispiel $X_0^* = 64{,}51$, wird $V_I^o/V_I^e = 1$ erreicht, und das verschuldete Unternehmen trifft die Investitionsentscheidung des rein eigenfinanzierten Unternehmens. Ansonsten ist die Investitionsentscheidung aus Gesamtunternehmenssicht suboptimal, da ein Teil des Investitionsoptionswerts verlorengeht.

5.4.3 Investition und Projektrisiko

Aus der bisherigen Diskussion des *Overinvestment*-Problems lässt sich bereits intuitiv erwarten, dass dieses sich mit steigendem Projektrisiko noch verstärkt, da dann der Anreiz für *Risk-Shifting* noch größer ist. Wird aber auch, falls die Eigenkapitalgeber eine Investitionsschwelle über der des rein eigenfinanzierten Unternehmens wählen, das dann vorliegende *Underinvestment*-Problem durch steigendes Projektrisiko verringert?

Tatsächlich macht Abbildung 5.4 deutlich, dass die Investitionsschwelle des verschuldeten Unternehmens relativ zu der des rein eigenfinanzierten Unternehmens stets im Projektrisiko, d.h. in der Volatilität des Projektwerts σ fällt, unabhängig davon, ob im jeweiligen Zustand *Over*- oder *Underinvestment* be-

[9]Diese Kuponhöhe liegt in der Größenordnung der in Abschnitt 5.6 modellendogen vom Unternehmen gewählten.

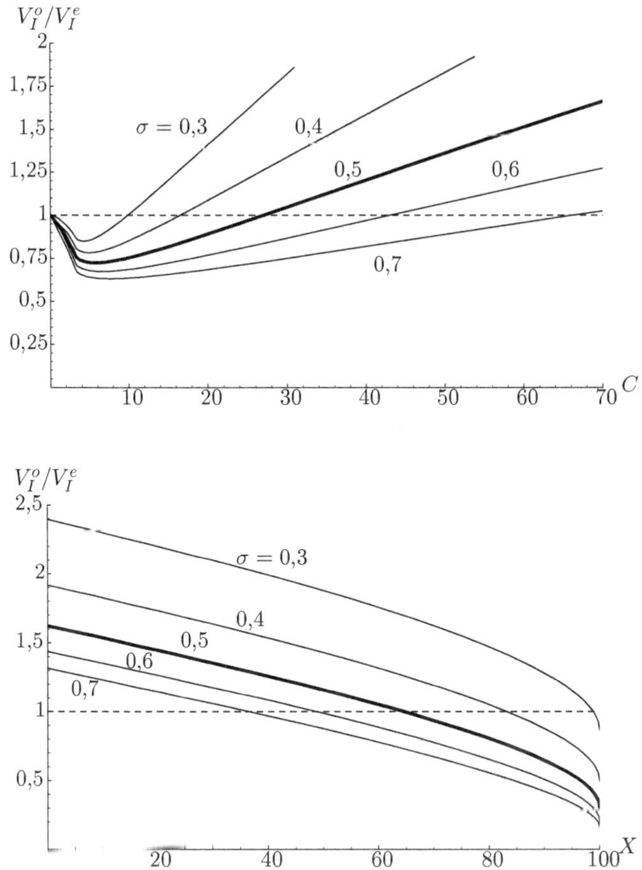

Abbildung 5.4: Investitionsschwelle des verschuldeten Unternehmens und Volatilität.

Die Investitionsschwelle des verschuldeten Unternehmens V_I^o, normiert durch die Investitionsschwelle des rein eigenfinanzierten Unternehmens V_I^e, ist im oberen Teilbild für $X = X_0^*$ als Funktion des Kupons C, sowie im unteren Teilbild für $C = C_0$ als Funktion des Bestands X an liquiden Mitteln dargestellt, jeweils für unterschiedliche Belegungen der Volatilität σ des Projektwerts. Das Unternehmen verfolgt die *Second-Best*-Strategie, also diejenige, die nach der Aufnahme von Fremdkapital den Eigenkapitalwert maximiert. Weiter ist die Investitionsschwelle des rein eigenfinanzierten Unternehmens abgetragen, welche zu 1 normiert ist (gestrichelt). Die verwendeten Parameterwerte finden sich in Tabelle 5.1, Steuern werden nicht berücksichtigt ($\tau = 0$).

steht.[10] Dieser im oberen Teilbild von Abbildung 5.4 für $X = X_0^*$ und variierendes C gezeigte Sachverhalt gilt gleichermaßen für jeden anderen Bestand an liquiden Mitteln, wie sich im unteren Teilbild von Abbildung 5.4 für ein festes $C = C_0$ und variierendes X ablesen lässt. Speziell gilt er auch für die beiden Randfälle $X = 0$ und $X = I$. Selbst für $X = 0$, bei dem sich gemäß Abbildung 5.2 für alle positiven Kupons *Underinvestment* einstellt, wird dasselbige also mit steigendem Projektrisiko abgemildert.

Darüber hinaus ermöglicht das untere Teilbild noch die Interpretation, dass für einen durch C_0 gegebenen, festen Verschuldungsgrad der optimale Bestand an liquiden Mitteln, welcher die *First-Best*-Investitionsentscheidung V_I^e implementiert, also dasjenige X_0^*, welches $V_I^o/V_I^e = 1$ liefert, im Projektrisiko fällt: Auf der einen Seite steigt im Projektrisiko der Anreiz für die Eigenkapitalgeber zu *Overinvestment*. Jedoch kann durch ein geringeres X diesem Anreiz entgegengewirkt werden, da sie dann einen höheren Betrag $I - X$ aus eigener Tasche beisteuern müssen.

Es bleibt zu betonen, dass die obige Argumentation stets die **relative** Investitionsschwelle V_I^o/V_I^e im Blick hatte. Wie aus Abbildung 2.2 hervorgeht, steigt die Investitionsschwelle eines rein eigenfinanzierten Unternehmens V_I^e ihrerseits stets in der Volatilität des Projektwerts σ an. Dies ist der übliche aus der Optionspreistheorie erwartete Verlauf, da der Wert des Wartens in der Volatilität steigt, jedoch verhält er sich genau entgegengesetzt zu der Sensitivität der relativen Investitionsschwelle V_I^o/V_I^e. Die absolute Investitionsschwelle des teilweise fremdfinanzierten Unternehmens V_I^o zeigt in der Tat ein differenziertes Bild: Für geringe liquide Mittel im Unternehmen steigt sie ebenfalls in σ. Speziell für den Extremfall $X = 0$ müssen schließlich die Eigenkapitalgeber die Investition komplett finanzieren, so dass die Anreize gemäß dem Bestand an liquiden Mitteln in die selbe Richtung wirken wie der Wert des Wartens

[10] Dieses Ergebnis passt auch zu den Implikationen der Simulationsstudie von Parrino und Weisbach (1999).

gemäß der Optionspreistheorie. Dass die relative Investitionsschwelle trotzdem fällt, liegt also letztlich daran, dass der Anstieg von V_I^e noch stärker ist als der von V_I^o. Dagegen haben die Eigenkapitalgeber im anderen Extremfall $X = I$ den Anreiz zum *Risk-Shifting*, da sie risikolose in riskante Aktiva verwandeln können. Dieser Anreiz nimmt plausiblerweise im Projektrisiko zu und kann bedeutender sein als der steigende Wert des Wartens gemäß der Optionspreistheorie, so dass in diesem Fall sogar die absolute Investitionsschwelle des teilweise fremdfinanzierten Unternehmens V_I^o in σ fällt.

5.5 Agency-Kosten bei gegebener Kapitalstruktur

In diesem Abschnitt sollen die *Agency*-Kosten quantifiziert und analysiert werden, welche aus Gesamtunternehmenssicht entstehen, wenn infolge von bestehendem Fremdkapital die Eigenkapitalgeber eine Investitionsstrategie verfolgen, die aus Gesamtunternehmenssicht suboptimal ist.

Gemäß den Optimalitätsbedingungen 5.11 und 5.12 sind die bisher für Zustand o abgeleiteten Entscheidungen zwar optimal aus Sicht der Eigenkapitalgeber, aber nur *ex post*, d.h. wenn das Fremdkapital bereits im Unternehmen ist. Jedoch wäre es *ex ante*, also vor der Aufnahme des Fremdkapitals, im Sinne des ursprünglichen Besitzers des Unternehmens, wenn er sich durch einen bindenden Vertrag glaubhaft verpflichten könnte, dass er auch weiterhin die Investitionsstrategie eines rein eigenfinanzierten Unternehmens verfolgen würde. Das liegt daran, dass die Konditionen des Fremdkapitalvertrags gemäß dem antizipierten Verhalten der Eigenkapitalgeber festgelegt werden. Da letzteren dann ein Wertzuwachs entsteht, der genau dem Transfer an Unternehmenswert zu den Fremdkapitalgebern entspricht, sind die Eigenkapitalgeber *ex ante* daran interessiert, die Summe von Eigen- und Fremdkapitalwert, also den gesamten Unternehmenswert, zu maximieren. Wenn nun also ein Teil des Unternehmenswerts verloren geht, weil sich die Eigenkapitalgeber gemäß der im aktuellen Kapitel 5 geltenden Friktion **nicht** *ex ante* zur Investitionsstrategie des rein eigenfinanzierten Unternehmens verpflichten können, so gehen diese *Agency*-Kosten voll zu Lasten des ursprünglichen Besitzers des Unternehmens.

Die *Agency*-Kosten AC seien für $\tau = 0$, d.h. $T^o(V) = 0$, definiert als Differenz der Gesamtunternehmenswerte eines rein eigenfinanzierten und eines verschuldeten Unternehmens:

$$AC_{\tau=0} = E^e(V) - [E^o(V) + D^o(V)] = F^e(V) - F^o(V). \tag{5.13}$$

Somit geben sie genau denjenigen Anteil des Wertes eines rein eigenfinanzierten Unternehmens wieder, der durch das Verfolgen der aus Gesamtunternehmenssicht suboptimalen Investitionsstrategie verloren geht. Der letzte Term in (5.13) ergibt sich mit Hilfe von (5.2) und (5.3). Für den hier betrachteten Fall ohne Steuervorteil wird somit deutlich, dass die *Agency*-Kosten genau dem Verlust an Optionswert F entsprechen, der durch die Abweichung von der Investitionsstrategie des rein eigenfinanzierten Unternehmens entsteht. Im später betrachteten Fall mit positivem Steuersatz τ wird der Wert des Steuervorteils bei der Definition der *Agency*-Kosten mit berücksichtigt werden.

Wie in Abschnitt 5.4 herausgearbeitet, hängt es bei einem Unternehmen mit positivem Verschuldungsgrad stark von dessen Bestand an liquiden Mitteln ab, welche Art von Abweichung in der Investitionsstrategie, und damit auch welche Art von *Agency*-Kosten auftritt. Ein verschuldetes Unternehmen mit niedrigem Bestand an liquiden Mitteln wählt eine höhere Investitionsschwelle als ein rein eigenfinanziertes Unternehmen, was dann *Underinvestment-Agency*-Kosten zur Folge hat. Dagegen liegt die Investitionsschwelle eines verschuldeten Unternehmens mit hohem Bestand an liquiden Mitteln unterhalb der eines rein eigenfinanzierten Unternehmens, folglich hat dieses dann *Overinvestment*-

Agency-Kosten zu tragen. Lediglich für eine einzige, innere Wahl der liquiden Mittel von X_0^* gibt es weder die eine noch die andere Art von *Agency*-Kosten.

Abbildung 5.5 veranschaulicht den Verlauf der *Agency*-Kosten für einen aktuellen Projektwert von $V_0 = 0{,}75V_I^e = 319{,}92$, der bereits in Abbildung 5.3 durch eine horizontale Gerade auf dem Niveau 0,75 angedeutet ist. Zu jener Abbildung wurde bereits diskutiert, dass nur für $X = X_0^* = 64{,}51$ die Investitionsstrategie des rein eigenfinanzierten Unternehmens erreicht wird. In der Tat zeigt Abbildung 5.5, dass es nur für diesen Bestand an liquiden Mitteln keine *Agency*-Kosten gibt. Für niedrigere Bestände, also $X < X_0^*$, steigen die Investitionsschwelle V_I^o und damit auch die *Underinvestment-Agency*-Kosten mit zunehmender Entfernung von X_0^* immer weiter an.

Umgekehrt fällt die Investitionsschwelle V_I^o für $X > X_0^*$ mit zunehmender Entfernung von X_0^*, und entsprechend steigen die *Overinvestment-Agency*-Kosten an. Allerdings gilt dies nur, solange die Investitionsschwelle V_I^o noch oberhalb des aktuellen Projektwerts V_0 bleibt. Für sehr große Bestände an liquiden Mitteln, im Beispiel für $X > 83{,}83$, wird der aktuelle Projektwert, wie in Abbildung 5.3 zu sehen, von der Schwelle V_I^o unterschritten. Das bedeutet konkret, dass sofort nach Aufnahme des Fremdkapitals Investition stattfinden wird, während das rein eigenfinanzierte Unternehmen noch warten würde. Deshalb liegt für alle $X > 83{,}83$ nicht ein mögliches *Overinvestment* in der Zukunft, sondern vielmehr momentanes *Overinvestment* vor, und die *Agency*-Kosten betragen in diesem Bereich stets

$$F^e(V) - (V - I).$$

Dieser Ausdruck ist nicht mehr von X abhängig, daher der konstante Verlauf für $X > X_0^*$.

Wenn umgekehrt der aktuelle Projektwert $V_0 > V_I^e$ wäre, dann würde das rein eigenfinanzierte Unternehmen sofort investieren. Dann gäbe es wiederum

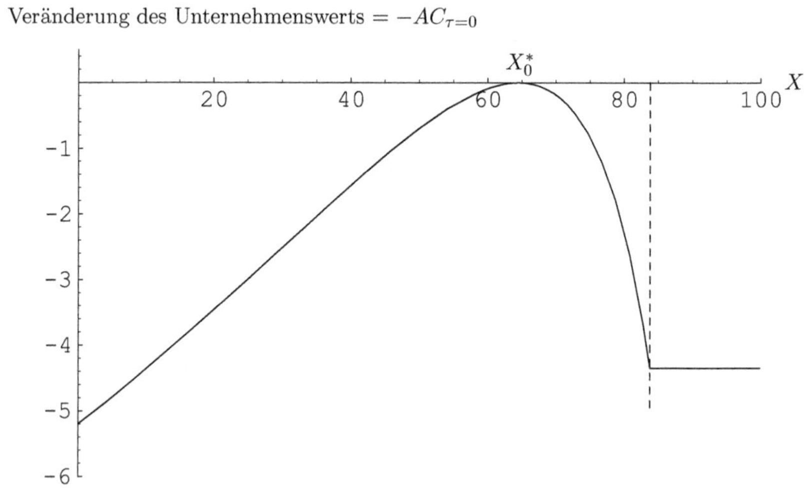

Abbildung 5.5: *Agency*-Kosten durch Fremdkapital.

Die *Agency*-Kosten durch Fremdkapital, gemessen durch die negative Veränderung des Unternehmenswerts bei Fremdkapitalaufnahme, sind für $C = C_0$ als Funktion des Bestands X an liquiden Mitteln dargestellt. Das Unternehmen verfolgt die *Second-Best*-Strategie, also diejenige, die nach der Aufnahme von Fremdkapital den Eigenkapitalwert maximiert. Die verwendeten Parameterwerte finden sich in Tabelle 5.1, der aktuelle Projektwert beträgt $V_0 = 0{,}75V_I^e$, Steuern werden nicht berücksichtigt ($\tau = 0$).

einen kritischen Wert der liquiden Mittel. Dieses Mal würde er allerdings die Obergrenze eines X-Bereichs bilden, innerhalb dessen die Investitionsschwelle V_I^o über dem aktuellen Projektwert V_0 läge, und es wäre *Underinvestment* zu beobachten. Die *Agency*-Kosten dieses momentanen *Underinvestment*,

$$V - I - F^o(V),$$

steigen allerdings für weiter fallende liquide Mittel X, da $F^o(V)$ mit zunehmendem Abstand zwischen X und X_0^* an Wert verliert.

Im Gegensatz dazu investieren für ausreichend hohe X sowohl das rein eigenfinanzierte als auch das verschuldete Unternehmen sofort, wenn $V_0 \geq V_I^o$, und es gibt keine *Agency*-Kosten.

5.6 Gemeinsame Entscheidung über liquide Mittel und Kapitalstruktur

Bisher wurde die Kapitalstruktur des Unternehmens als gegeben angenommen. In Abschnitt 5.4.1 wurde zwar untersucht, wie sich die Investitionsschwelle V_I^o im Verschuldungsgrad verändert, jedoch wurde noch keine Antwort auf die Frage gegeben, welche Kapitalstruktur gewählt werden sollte. Allgemein wurde in Abschnitt 5.4 auf die Einbeziehung von Steuereffekten verzichtet, so dass es bislang noch keine modellendogene Rechtfertigung gab, überhaupt Fremdkapital aufzunehmen. Wie Abbildung 5.2 zeigt, können in diesem Rahmen durch Wahl von $C = 0$ alle *Agency*-Probleme elegant vermieden werden.

Im folgenden soll deshalb die Analyse verallgemeinert werden: Das Ziel ist es zu zeigen, dass der grundlegende Zusammenhang zwischen dem Bestand an liquiden Mitteln im Unternehmen und möglichem *Under*- und *Overinvestment* auch dann bestehen bleibt, wenn durch die Einführung eines Steuersatzes $\tau > 0$ eine modellendogene Motivation für die Aufnahme von Fremdkapital besteht.

Weiter lässt sich in diesem Rahmen neben dem optimalen Bestand an liquiden Mitteln auch simultan die optimale Kapitalstruktur und der Zusammenhang zwischen beiden ableiten, und es wird deutlich, dass das Unternehmen bei seiner Entscheidung zwischen dem Steuervorteil und den möglichen *Agency*-Problemen abwägen muss.

5.6.1 Aufnahme von Fremdkapital

Zunächst soll erläutert werden, wie die Aufnahme von Fremdkapital im Modellrahmen abläuft. Ausgangspunkt sei ein nicht finanzierungsbeschränkter Unternehmensgründer, der eine Investitionsoption mit Wert $F^e(V)$ besitzt, wobei die Investitionsstrategie des rein eigenfinanzierten Unternehmens verfolgt wird. In Vorbereitung auf die Fremdkapitalaufnahme stellt der Unternehmensgründer zunächst einen bestimmten Betrag X an liquiden Mitteln zur Verfügung. Damit ist dann die Bilanzgleichung des (noch) unverschuldeten Unternehmens gegeben durch (5.3).

Im nächsten Schritt wird dann Fremdkapital mit einem Kupon von C aufgenommen. Die Fremdkapitalgeber *in spe* stellen dem Unternehmensgründer einen Geldbetrag in Höhe des Wertes ihres Anspruchs $D^o(V)$ nach Fremdkapitalaufnahme zur Verfügung, wobei sie diesen Wert unter Berücksichtigung der abzusehenden Investitionsstrategie ohne Probleme antizipieren können. Folglich wandelt sich die Bilanz des Unternehmens nach Fremdkapitalaufnahme zu (5.2). Das Optimierungsproblem des Unternehmensgründers besteht nun darin, die liquiden Mittel X sowie die durch C bestimmte Kapitalstruktur des entstehenden Unternehmens so zu wählen, dass sein Wertzuwachs durch die Fremdkapitalaufnahme maximiert wird:

$$\max_{(X,C)} \quad E^o(V) + D^o(V) - E^e(V) = F^o(V) - F^e(V) + T^o(V). \qquad (5.14)$$

Die rechte Seite dieser Gleichung erlaubt die Interpretation, dass der Unternehmensgründer eine Abwägung vornehmen muss zwischen dem Verlust an Investitionsoptionswert $F^o(V) - F^e(V)$ auf der einen Seite, der durch die suboptimale Ausübung der Option zustande kommt, sowie auf der anderen Seite dem hinzugewonnenen Steuervorteil $T^o(V)$. Gut zu sehen ist an dieser Stelle auch der in Abschnitt 5.5 bereits angesprochene Sachverhalt, dass der Unternehmensgründer *ex ante* daran interessiert ist, die Summe von Eigen- und Fremdkapitalwert $E^o(V) + D^o(V)$, also den gesamten Unternehmenswert, zu maximieren: Der Wert $E^e(V)$ vor Fremdkapitalaufnahme ist unabhängig von X und C.

5.6.2 Agency-Kosten

Im ersten Moment mag es sinnvoll erscheinen, die *Agency*-Kosten analog zu Abschnitt 5.4 über den Vergleich des Unternehmenswertes nach Fremdkapitalaufnahme mit dem eines rein eigenfinanzierten Unternehmens zu definieren. Dies wäre durch den Wertzuwachs bei Fremdkapitalaufnahme gemäß (5.14) abgebildet. Allerdings kann nun aufgrund des möglichen Steuervorteils der Wert eines rein eigenfinanzierten Unternehmens durch Aufnahme von Fremdkapital noch gesteigert werden. Insbesondere ein Unternehmen, welches sich glaubhaft zur *First-Best*-Investitionsstrategie verpflichten kann, also derjenigen, die den gesamten Unternehmenswert maximiert, kann im allgemeinen seinen Wert durch Aufnahme von Fremdkapital steigern, obwohl dessen Wert für einen Steuersatz von $\tau = 0$ unabhängig von der Wahl von (X, C) war. Deshalb genügt es jetzt nicht mehr, wie in (5.13) die Wertänderung der Investitionsoption zu betrachten. Vielmehr müssen diese *Under*- oder *Overinvestment*-Kosten auf der einen Seite, die den Wert der Option unter den im rein eigenfinanzierten Unternehmen bringen, in Relation gesehen werden zu dem entgangenen Steuervorteil auf der anderen Seite, den ein rein eigenfinanziertes Unternehmen hätte. Die daher im Folgenden für $\tau \geq 0$ verwendete neue Definition der

Agency-Kosten ist

$$AC_{\tau\geq 0} = [F^{o1}_{(X_1,C_1)}(V) - F^{o2}_{(X_2,C_2)}(V)] + [T^{o1}_{(X_1,C_1)}(V) - T^{o2}_{(X_2,C_2)}(V)] \quad (5.15)$$

Das neu eingeführte Superskript $o1$ bezeichnet die jeweiligen Werte unter der Voraussetzung, dass nach der Aufnahme von Fremdkapital die *First-best*-Investitionsstrategie verfolgt wird. Technisch bedeutet das, dass bei der Ableitung der *First-best*-Investitionsschwelle V_I^{o1} und der Ausfallschwelle V_B^{o1} die neue Optimalitätsbedingung

$$E_V^{o1}(V_I^{o1}) + D_V^{o1}(V_I^{o1}) = E_V^i(V_I^{o1}) + D_V^i(V_I^{o1})$$

verwendet werden muss, während weiterhin die Bedingung (5.11), also

$$E_V^{o2}(V_I^{o2}) = E_V^i(V_I^{o2}),$$

zur Ableitung der *Second-Best*-Investitionsstrategie gilt (Superskript $o2$, bisher im Fall $\tau = 0$ nur mit o bezeichnet). Die Ausfallschwellen sind im allgemeinen wegen der Abhängigkeit zwischen Investitions- und Ausfallschwelle ebenfalls verschieden, d.h. $V_B^{o1} \neq V_B^{o2}$, obwohl in beiden Fällen aus Sicht der Eigenkapitalgeber optimiert wird, also die Optimalitätsbedingung (5.12) gilt. Diese lautet dann für den *First-* bzw. *Second-Best*-Fall

$$E_V^{o1}(V_B^{o1}) = 0 \quad \text{bzw.} \quad E_V^{o2}(V_B^{o2}) = 0.$$

Auch im *First-Best*-Fall, wenn die Möglichkeit besteht, einen bindenden Vertrag über die Investitionsstrategie abzuschließen, wird die Ausfallschwelle nicht aus Gesamtunternehmenssicht gewählt. Letztere muss realistischerweise stets im Konflikt zwischen Eigen- und Fremdkapitalgebern getroffen werden. Andernfalls wäre es *ex ante* optimal, $V_B^{o1} = V_B^{o2} = 0$ zu wählen. Dann würde das Unternehmen niemals ausfallen, was zwar im Modellrahmen den Wert des Steuervorteils maximiert, jedoch nicht mehr den Charakter eines teilweise fremdfinanzierten Unternehmens aufweist. Nur für den Spezialfall, dass die von den Eigenkapitalgebern zu leistende Nettozahlung (5.1) negativ ist, ist es auch aus Sicht der Eigenkapitalgeber *ex post* optimal, $V_B^{o1} = V_B^{o2} = 0$ zu wählen.

Die Subskripts in (5.15) dienen zur Verdeutlichung der Tatsache, dass ein Unternehmensgründer, der sich vor Fremdkapitalaufnahme glaubhaft zur *First-Best*-Investitionsstrategie verpflichten kann, nicht nur andere Investitions- und Ausfallschwellen als im *Second-Best*-Fall wählt. Gleichfalls wird auch die Kombination (X_1, C_1) von liquiden Mitteln und Kapitalstruktur im allgemeinen von der *Second-Best*-Wahl (X_2, C_2) abweichen. Für den Spezialfall $\tau = 0$ wiederum verschwindet die zweite Klammer in (5.15) und es gilt $F^{o1}_{(X_1,C_1)}(V) = F^e(V)$. Somit ist der Übergang nach (5.13) gezeigt.

5.6.3 Numerisches Beispiel und Diskussion

Zur Veranschaulichung zeigt nun ein numerisches Beispiel typische (X, C)-Kombinationen, wie sie im *First-* und *Second-Best*-Fall gewählt werden, und ebenso den Werteffekt durch Aufnahme von Fremdkapital und die sich ergebenden *Agency*-Kosten. Da sich Optionswerte und Steuervorteil über (5.2) und (5.3) in Unternehmenswerte überführen lassen, kann (5.15) auch als Differenz der Werteffekte durch Aufnahme von Fremdkapital im *First-* und *Second-Best*-Fall dargestellt werden:

$$\begin{aligned} AC_{\tau \geq 0} &= [E^{o1}_{(X_1,C_1)}(V) + D^{o1}_{(X_1,C_1)}(V) - E^e_{(X_1)}(V)] \\ &- [E^{o2}_{(X_2,C_2)}(V) + D^{o2}_{(X_2,C_2)}(V) - E^e_{(X_2)}(V)] \end{aligned} \tag{5.16}$$

Jeder der beiden Ausdrücke in den eckigen Klammern stellt den jeweiligen Werteffekt durch Aufnahme von Fremdkapital im *First-* und *Second-Best*-Fall dar, relativ zu einem rein eigenfinanzierten Unternehmen mit demselben Bestand an liquiden Mitteln. Der Wert der ersten eckigen Klammer, der *First-*

Best-Fall, als Funktion der vom Unternehmen gewählten (X_1, C_1)-Kombination ist im oberen Teilbild von Abbildung 5.6 dargestellt. Im unteren Teilbild dagegen folgt der Wert der zweiten eckigen Klammer, der *Second-Best*-Fall, als Funktion von (X_2, C_2). Die verwendeten Parameterwerte sind weiterhin die aus Tabelle 5.1, allerdings wird im Gegensatz zu der Analyse in Abschnitt 5.4 nun ein positiver Steuersatz von $\tau = 10\%$ angenommen, und das Unternehmen wählt sowohl die liquiden Mittel als auch die Konditionen des Fremdkapitals modellendogen.

Aus dem oberen Teilbild von Abbildung 5.6 wird ersichtlich, dass der maximale Wertzuwachs für ein Unternehmen, welches nach der *First-Best*-Strategie handelt, für das Maximum an liquiden Mitteln erreicht wird, also für $X_1^* = I = 100$. In diesem Fall werden die liquiden Mittel schließlich nicht benötigt, um eine bestimmte Investitionsstrategie zu implementieren. Sie dienen jedoch als Sicherheit für die Fremdkapitalgeber und senken die Ausfallschwelle ab, da die Eigenkapitalgeber bei einem durch X erhöhten Unternehmenswert während einer schlechten Entwicklung des Projektwertes V länger bereit sind, Kupons zuzuschießen. Deshalb wird der erwartete Zeitraum, über den der Steuervorteil fließen kann, durch eine Erhöhung der liquiden Mittel verlängert und somit auch der Wert des Steuervorteils erhöht. Da es im vorliegenden Modellrahmen keine direkten Kosten für Kassenhaltung gibt, ist es tatsächlich optimal, diese auf ihr maximales Niveau zu erhöhen.[11]

Für den Kupon des Fremdkapitals wird eine innere Lösung ($C_1^* = 30{,}02$) gewählt, um den maximalen Steuervorteil zu erreichen. Dies ist das in dynamischen *Trade-Off*-Modellen übliche Ergebnis.[12]

Das untere Teilbild von Abbildung 5.6 zeigt die Veränderung des Unternehmenswerts bei Fremdkapitalaufnahme, wenn das Unternehmen nach der

[11]Angenommen, es wären auch Bestände an liquiden Mitteln über den Investitionsbetrag hinaus zugelassen, so wäre es wegen der fehlenden Kosten für Kassenhaltung sogar optimal, die Besicherung des Fremdkapitals noch weiter zu erhöhen. Dies liegt jedoch außerhalb des vorliegenden Modellrahmens.

[12]Siehe z.B. Leland (1994).

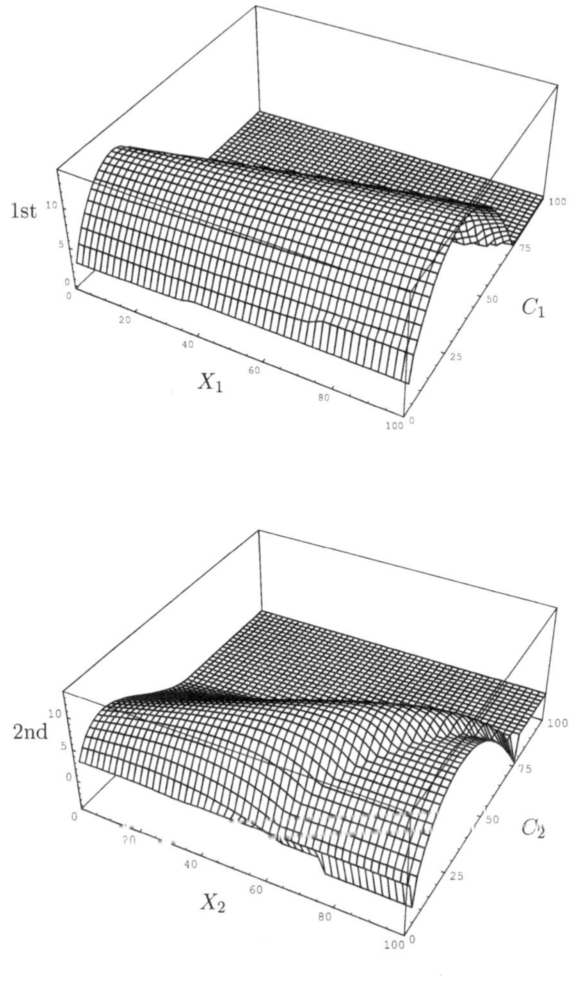

Abbildung 5.6: Optimale Wahl von liquiden Mitteln und Kapitalstruktur.

Die Veränderung des Unternehmenswerts bei Fremdkapitalaufnahme ist als Funktion des Bestands X an liquiden Mitteln und des Kupons C dargestellt. Das Unternehmen verfolgt im oberen Teilbild die *First-Best*-Strategie, also diejenige, die vor der Aufnahme von Fremdkapital den Unternehmenswert maximiert, und im unteren Teilbild die *Second-Best*-Strategie, also diejenige, die nach der Aufnahme von Fremdkapital den Eigenkapitalwert maximiert. Die verwendeten Parameterwerte finden sich in Tabelle 5.1, der aktuelle Projektwert beträgt $V_0 = 0{,}75V_I^e$, und der Steuersatz beträgt $\tau = 10\%$.

Second-Best-Strategie handelt. Es wird weiterhin ein inneres Kuponniveau ($C_2^* = 31{,}02$) für das Fremdkapital gewählt, das recht nahe bei der Lösung des *First-Best*-Falls liegt. Um allerdings den Steuervorteil und die *Agency*-Kosten durch Fremdkapital optimal auszubalancieren, wählt das Unternehmen jetzt auch für die liquiden Mittel eine innere Lösung ($X_2^* = 72 < I$).

Für den Fall ohne Steuervorteil wurde bereits aufgezeigt, dass das Unternehmen, sofern es sich nicht glaubhaft zur *First-Best*-Investitionsstrategie verpflichten kann, einen Bestand an liquiden Mitteln wählen sollte, der nicht den kompletten Investitionsbetrag abdeckt. So kann es nämlich eine *Second-Best*-Investitionsstrategie umsetzen, welche die Interessenkonflikte zwischen Eigenkapitalgebern und Fremdkapitalgebern, und damit gleichermaßen die *Agency*-Kosten, vermindert. Da die *Agency*-Kosten weiterhin in die Entscheidung einfließen, muss auch im Fall mit Steuervorteil der optimale Bestand an liquiden Mitteln X_2^* unterhalb des maximalen Bestands $X_1^* = I = 100$ liegen, den das Unternehmen im *First-Best*-Fall wählen würde. Allerdings war in Abschnitt 5.4 das einzige Ziel des Unternehmens, den Wertverlust $F^e(V) - F^o(V)$ zu minimieren. So war die optimale *Second-Best*-Lösung diejenige, welche $F^o(V) = F^e(V)$ erreicht hat, und die *First-Best*-Lösung war unabhängig vom Bestand an liquiden Mitteln. Im Vergleich dazu muss jetzt außerdem der Wert des Steuervorteils, $T^o(V)$, berücksichtigt werden. Somit wird das resultierende X_2^* im allgemeinen oberhalb des Niveaus X_0^* liegen, welches ein Unternehmen mit vergleichbarem Verschuldungsgrad im Fall $\tau = 0$ gewählt hat, und zwar so weit, bis der Grenzgewinn im Steuervorteil durch die höhere Besicherung des Fremdkapitals die Grenz-*Agency*-Kosten erreicht hat.

Die jeweiligen maximalen Wertzuwächse durch Fremdkapitalaufnahme betragen 14,23 im *First-Best*-Fall sowie 13,49 im *Second-Best*-Fall. Gemäß (5.16) ergeben sich die *Agency*-Kosten als Differenz dieser beiden Werte. Im Beispiel beträgt dieser Wert also $14{,}23 - 13{,}49 = 0{,}74$. Das bedeutet, dass im *Second-Best*-Fall der Wertzuwachs bei Fremdkapitalaufnahme ca. 5% geringer ausfällt als im *First-Best*-Fall.

Diese recht geringe Auswirkung haben die *Agency*-Kosten nur, weil das Unternehmen im *Second-Best*-Fall seine liquiden Mittel sehr deutlich anpasst. Wenn das Unternehmen den maximalen Bestand an liquiden Mitteln $X_2 = 100$ auch im *Second-Best*-Fall beibehalten müsste, so ließe sich nur ein maximaler Wertzuwachs durch Fremdkapitalaufnahme von 10,51 erzielen.[13] Die *Agency*-Kosten würden dann also $14{,}23 - 10{,}51 = 3{,}72$ betragen. Das bedeutet, dass im *Second-Best*-Fall ohne Anpassung der liquiden Mittel der Wertzuwachs bei Fremdkapitalaufnahme über 26% geringer ausfallen würde als im *First-Best*-Fall.

Insgesamt behält somit die in Abschnitt 5.5 für den Fall ohne Steuervorteil abgeleitete Aussage, dass der Bestand an liquiden Mitteln eine zentrale Größe zur Reduzierung von *Agency*-Konflikten durch Fremdkapital ist, weiterhin ihre Gültigkeit.

Um die Stabilität der Ergebnisse sicherzustellen, wurde auch eine Sensitivitätsanalyse durchgeführt. Die qualitative Struktur der Ergebnisse bleibt für einen großen Parameterbereich unverändert: Während es im *First-Best*-Fall optimal ist, den maximal möglichen Bestand an liquiden Mitteln zu wählen, so wird im *Second-Best*-Fall ein deutlich niedrigeres Niveau gewählt. Schließlich helfen die liquiden Mittel auf der einen Seite zwar, den Wert des Steuervorteils zu erhöhen. Umgekehrt wäre aber das *Overinvestment* Problem vorherrschend, wenn das Unternehmen die *First-Best*-Strategie der maximalen liquiden Mittel beibehalten würde, sich aber nicht glaubhaft zu der *First-Best*-Investitionsstrategie verpflichten könnte.

[13] Das hierfür zu wählende Kuponniveau beträgt $C_2 = 31{,}69$.

5.7 Bezug zu vorhandener Literatur

Die Frage, wie es zu *Under-* und *Overinvestment* eines teilweise fremdfinanzierten Unternehmens kommen kann, ist schon seit langem ein wichtiges Thema in der Unternehmensfinanzierungsliteratur. Das *Underinvestment*-Problem wurde explizit zum ersten Mal von Myers (1977) behandelt: Wenn das Unternehmen teilweise fremdfinanziert ist, dann kann es aus Sicht der Eigenkapitalgeber optimal sein, Investitionsmöglichkeiten ungenutzt zu lassen, deren Durchführung für ein rein eigenfinanziertes Unternehmen vorteilhaft wäre, da der von den Eigenkapitalgebern aufgebrachte Investitionsbetrag auch den Fremdkapitalgebern zugute kommt. In Folge wurde das *Underinvestment*-Problem in unterschiedlichen Facetten noch weiter untersucht, z.B. von Mello und Parsons (1992), welche die Betriebsentscheidung einer teilweise fremdfinanzierten Mine in einem zeitstetigen dynamischen Rahmen betrachten, oder Mauer und Ott (2000), die im wesentlichen die Idee von Myers (1977) in einem Modellrahmen ähnlich der vorliegenden Arbeit aufgreifen und dann ebenfalls die optimale Kapitalstruktur und Möglichkeiten zur Linderung des *Agency*-Konflikts analysieren, oder in einer aktuellen Arbeit von Moyen (2007), die sich speziell mit dem Zusammenhang von Fremdkapital-Laufzeit und *Underinvestment* beschäftigt.

Parallel dazu wurde auch das entgegengesetzte Problem des *Overinvestment* als Folge von Fremdfinanzierung betrachtet, welches meist mit dem auf Jensen und Meckling (1976) zurückgehenden *Risk-Shifting-* oder *Asset-Substitution*-Problem zusammenhängt. Dies bedeutet, dass durch die Umsetzung eines Investitionsprojekts das Risiko des Gesamtunternehmens erhöht werden kann, was einen Vermögenstransfer von den Fremd- zu den Eigenkapitalgebern zur Folge hat. Ein aktuelles Beispiel ist die Arbeit von Mauer und Sarkar (2005). In dieser wird wie in der vorliegenden Arbeit untersucht, wie das *Investment-Timing* durch Fremdfinanzierung verändert wird. Eine Besonderheit bei Mauer und Sarkar ist, dass das Fremdkapital nicht bereits vor dem Investitionszeitpunkt im Unternehmen ist, sondern erst bei Investition aufgenommen wird. Die Autoren betrachten allerdings eine bedingte Fremdfinanzierung, d.h. die Konditionen des Fremdkapitalvertrags werden schon im Voraus fixiert. Dies beinhaltet aber nur die Festlegung, welche Zahlung die Fremdkapitalgeber für einen bestimmten anschließend versprochenen Kuponstrom leisten. Insbesondere können die Konditionen nicht direkt an Bedingungen zur Ausübung der Investitionsoption gekoppelt werden. Daher resultiert im Modellrahmen jener Arbeit eine aus Gesamtunternehmenssicht zu frühe Ausübung der Investitionsoption, die wie in der vorliegenden Arbeit als *Overinvestment* interpretiert wird. Genau dieses Ergebnis wird auch erzielt, wenn das Fremdkapital bereits vor dem Investitionszeitpunkt im Unternehmen ist.

In der jüngsten Vergangenheit sind einige Arbeiten entstanden, die sowohl *Under-* als auch *Overinvestment* in einem einheitlichen Modellrahmen diskutieren. Nippel (1996) erweitert Myers (1977) um eine teilweise Fremdfinanzierung des zur Investition fehlenden Betrags zum Investitionszeitpunkt, wodurch Anreize für *Overinvestment* entstehen, und er zeigt, dass durch geeignete Wahl dieser Finanzierung *Under-* und *Overinvestment* sich gegenseitig genau ausgleichen. Parrino und Weisbach (1999) untersuchen das Ausmaß von *Under-* und *Overinvestment* und deren Sensitivität bezüglich Unternehmensgrößen in einer Simulationsstudie. Die Arbeit von Lyandres und Zhdanov (2005) isoliert *Over-* von *Underinvestment*-Effekten und hat die Auswirkung des Verschuldungsgrades auf das *Investment-Timing* im Mittelpunkt. Sie führt *Overinvestment* nicht auf *Asset-Substitution* zurück, sondern auf den drohenden Ausfall, der den Wert des Wartens schmälert. Ein ähnliches Argument verfolgen auch Egami, Estghamat und Weng (2006). Mao (2003) argumentiert, dass *Over-* und *Underinvestment* nicht zwingend monoton im Verschuldungsgrad sein müssen, wobei die Autorin speziell auf die marginale Volatilität des Investitionsvolumens abzielt. Morellec und Smith (2007) untersuchen, wie Risikomanagement und die Kosten von *Under-* und *Overinvestment* im Zusammenhang stehen. Das *Overinvestment*-Problem resultiert hier allerdings aus dem *Free-Cash-Flow*-Problem, also dem Konflikt zwischen Management und Eigenkapitalgebern im Geiste von Jensen (1986), der in der vorliegenden Arbeit nicht betrachtet wird. Childs, Mauer und Ott (2005) verknüpfen direkt die beiden gegensätzlichen Investitionssituationen der *Asset-Expansion* mit *Under-* bzw. *Asset-Substitution* mit *Overinvestment*. Sie wählen eine aufwändige Modellierung und vergleichen dann zwei spezielle Parametrisierungen, die für diese beiden Situationen typisch sein sollen. Allerdings wird durch die Komplexität des Modells eine analytische Lösung unmöglich, und es bleibt unklar, welche Unternehmensgrößen in den beiden Parametrisierungen den Ausschlag geben für die so gegensätzlichen Investitionsstrategien in den beiden Situationen. Weiter ist die Aktivseite vor Investition durch die Parametrisierung exogen gegeben: Das Unternehmen kann also keinen Einfluss darauf nehmen, ob es in einem *Asset-Expansion-* oder *Asset-Substitution*-Regime handelt.

Im Gegensatz dazu wurde in der vorliegenden Arbeit die Unterscheidung zwischen den beiden Investitionssituationen in einem analytisch gut handhabbaren Ansatz durch nur einen einzigen Parameter bewerkstelligt, den das Unternehmen darüber hinaus endogen wählen kann, nämlich durch seinen Bestand an liquiden Mitteln. Tatsächlich schlug bereits Myers (1977) vor, dass eine Dividendenbeschränkung, durch die liquide Mittel für zukünftige Investitionen zurückgehalten würden, eine Möglichkeit sein könne, um das *Underinvestment*-Problem zu lindern, und er stellte die Vorteile dieser Lösung dem *Asset-Substitution*-Problem nach Jensen und Meckling (1976) gegenüber.[14] Jedoch hat sein Vorschlag nach dem Kenntnisstand des Autors der vorliegenden Arbeit in der Folge nicht zu Untersuchungen geführt, die sich mit *Over-* und *Underinvestment* beschäftigten und gleichzeitig explizit dem Unternehmen die

[14]Eine empirische Studie von Billett, King und Mauer (2007) zeigt, dass Kreditvereinbarungsklauseln allgemein, worunter speziell auch Dividendenbeschränkungen fallen, die *Agency*-Kosten von Wachstumsunternehmen senken können.

Möglichkeit gäben, zum Zeitpunkt der Fremdkapitalaufnahme seine liquiden Mittel, und damit einen relativ leicht veränderlichen Teil der Aktiva, endogen so anzupassen, dass es seine *Agency*-Probleme vermindert. Verwandt ist noch ein Ansatz von Morellec (2001), der sich mit der Liquidierbarkeit der existierenden Aktiva und deren Implikationen für *Agency*-Kosten und Kapitalstruktur beschäftigt. Jedoch geht es dort nicht um die Finanzierung von Investitionen, sondern um Desinvestition zur Finanzierung der Zahlungsverpflichtungen des Unternehmens. Eine empirische Studie von Bates (2005) zeigt, dass die Erlöse beim Verkauf von Tochtergesellschaften eher einbehalten werden, wenn baldige Wachstumsinvestitionen anstehen, und dass gleichzeitig durch die Einbehaltung *Overinvestment*-Probleme entstehen können.

5.8 Schlussfolgerung

In diesem Kapitel wurde gezeigt, dass existierendes Fremdkapitel sowohl *Under*- als auch *Overinvestment* verursachen kann. Dieser grundlegende Sachverhalt resultiert allein aus der Friktion, dass es keine Möglichkeit gibt, die Investitionsstrategie durch einen bindenden Vertrag zwischen Eigenkapital- und Fremdkapitalgebern vorab festzulegen. Es müssen also keine weiteren Friktionen wie ein Steuervorteil durch Fremdkapital, Insolvenzkosten oder andere Vor- und Nachteile von Fremdfinanzierung herangezogen werden, um solche Abweichungen von der Investitionsstrategie eines rein eigenfinanzierten Unternehmens zu erklären.

Es wurden die liquiden Mittel des Unternehmens als zentraler Faktor zur Bestimmung der Wirkung von bestehendem Fremdkapital auf die Investitionsstrategie eingeführt. Genauer wurde gezeigt, dass für Unternehmen mit geringem Bestand an liquiden Mitteln die Investitionssituation vor allem durch *Asset-Expansion* bestimmt ist und daher *Underinvestment* herrscht, während *Overinvestment* aufgrund von *Asset-Substitution* die Investitionssituation für

Unternehmen mit großem Bestand an liquiden Mitteln charakterisiert.

Somit sind also die Investitionsschwellen von teilweise fremdfinanzierten Unternehmen fallend im Bestand an liquiden Mitteln. Man beachte an dieser Stelle, dass hier im Gegensatz zu der Situation von Kapitel 4 keine Finanzierungsbeschränkungen im Spiel sind. Das *Underinvestment* bei geringem Bestand an liquiden Mitteln tritt nicht deshalb auf, weil die Eigenkapitalgeber Schwierigkeiten hätten, den zur Investition nötigen Geldbetrag auf dem externen Kapitalmarkt aufzubringen. Vielmehr entscheiden sie bewusst, dass sie diesen Betrag aktuell nicht ins Unternehmen einbringen wollen, da er auch den Fremdkapitalgebern zugute käme. Im Gegensatz dazu überwiegen für einen ausreichend großen Bestand an liquiden Mitteln die Vorteile für die Eigenkapitalgeber aus der *Asset-Substitution* gegenüber den Kosten der *Asset-Expansion*, und es findet *Overinvestment* statt.

Lediglich für einen bestimmten, optimalen Bestand an liquiden Mitteln halten sich diese beiden Effekte die Waage, und so kann die *ex ante* optimale Investitionsstrategie des rein eigenfinanzierten Unternehmens implementiert werden. Auf diese Weise lassen sich die *Agency*-Kosten durch Fremdkapital vollständig eliminieren, obwohl es annahmegemäß keine Möglichkeit gibt, die Investitionsstrategie direkt durch einen bindenden Vertrag vorab festzulegen. Wenn jedoch das Unternehmen einen anderen Bestand an liquiden Mitteln hält, steigen die *Agency*-Kosten monoton im Grad der Abweichung vom optimalen Bestand. Eine testbare Implikation des vorgestellten Modells ist somit, dass Unternehmen eine Zielgröße an liquiden Mitteln haben sollten, selbst wenn sie keinen Finanzierungsbeschränkungen unterliegen. Dies gilt speziell für Unternehmen mit großen Wachstumsmöglichkeiten, da für solche die realoptionsbasierte *Investment-Timing*-Modellierung am relevantesten erscheint. Es sollte also beispielsweise beobachtet werden können, dass ein neues Finanzierungsangebot an konkrete Bedingungen zum Bestand an liquiden Mitteln geknüpft ist.

Erhöhtes Projektrisiko führt zu einer niedrigeren Investitionsschwelle relativ zu der eines rein eigenfinanzierten Unternehmens. Dies gilt gleichermaßen für Zustände im *Over-* wie im *Underinvestment*-Bereich. Folglich wird einerseits das *Underinvestment*-Problem durch erhöhtes Projektrisiko gelindert, andererseits wird jedoch das *Overinvestment*-Problem noch verschärft, da die Eigenkapitalgeber noch stärkere Anreize zum *Risk-Shifting* bekommen. Weiterhin kann aber durch die Wahl des geeigneten Bestands an liquiden Mitteln, welcher dann für erhöhtes Projektrisiko geringer ausfällt, die *ex ante* optimale Investitionsstrategie implementiert werden.

Weiter wurde gezeigt, dass die Abweichung von der Investitionsstrategie des rein eigenfinanzierten Unternehmens im Verschuldungsgrad steigt. Dies gilt für die Extremfälle des Unternehmens, das gar keine liquiden Mittel hält und somit *Underinvestment* ausgesetzt ist, wie auch des Unternehmens, das ausreichend liquide Mittel zur Finanzierung der kompletten Investition im Bestand hat und deshalb *Overinvestment* betreibt. Für alle Zwischenfälle jedoch treten beide Effekte gemeinsam auf und führen zu einer im Verschuldungsgrad U-förmigen Investitionsschwelle.

Soweit könnte der Eindruck entstehen, die beste Lösung sei offenbar, gänzlich auf Fremdkapital zu verzichten, da dann unabhängig vom Bestand an liquiden Mitteln alle *Agency*-Probleme am einfachsten vermieden würden. Daher wurde in einem zweiten Schritt die Interaktion zwischen liquiden Mitteln und Kapitalstruktur untersucht, gegeben dass ein Steuervorteil die Aufnahme von Fremdkapital *ex ante* attraktiv macht. Zunächst wurde hier gezeigt, dass ein Unternehmen, das seine Investitionsstrategie direkt durch einen bindenden Vertrag vorab festlegen kann, die maximale Menge an liquiden Mitteln, also den vollständigen später benötigten Investitionsbetrag, im Unternehmen halten wird. Schließlich kann es diese als zusätzliche Sicherheit verwenden, so auch eine größere Menge an Fremdkapital aufnehmen und einen höheren Steuervorteil ausnutzen. Im Gegensatz dazu gibt es für den ausführlicher untersuchten Fall des Unternehmens, das derlei Verträge nicht abschließen kann, nicht nur die Zielgröße des maximalen Steuervorteils. Ein solches muss außerdem seine liquiden Mittel so wählen, dass sie die Interessenkonflikte zwischen Eigenkapital- und Fremdkapitalgebern zu lindern helfen. Somit wird es sich für einen Bestand an liquiden Mitteln entscheiden, der signifikant unter der maximalen Menge liegt, da es andernfalls massiven Kosten durch das *Overinvestment*-Problem ausgesetzt wäre.

Insgesamt wurde in diesem Kapitel also die Bedeutung der liquiden Mittel nicht aufgrund von Finanzierungsbeschränkungen, sondern im Kontext von möglichen Interessenkonflikten zwischen Eigenkapital- und Fremdkapitalgebern aufgezeigt, und somit wurden neue Erklärungsansätze und Lösungsmöglichkeiten für die Probleme des *Underinvestment* wie auch des *Overinvestment* gefunden.

Kapitel 6

Schlussbetrachtung und Ausblick

Im Rahmen der vorliegenden Arbeit wurde das Zusammenspiel zwischen dem Bestand an liquiden Mitteln, den ein Unternehmen hält, und seinen Finanzierungs- und Investitionsentscheidungen untersucht. Ausgangspunkt war die Erkenntnis, dass in einer vollkommenen Welt die Investitionsentscheidungen getrennt von den Finanzierungsentscheidungen getroffen werden können, dies jedoch in der realen, friktionsbehafteten Welt nicht der Fall ist. Anschließend wurden zwei relevante Friktionen ausgewählt, deren Auswirkung im folgenden genauer untersucht wurde: Erstens waren dies Finanzierungsbeschränkungen und Finanzierungskosten wegen Informationsasymmetrie zwischen Akteuren innerhalb und außerhalb des Unternehmens, zweitens *Agency*-Kosten wegen Interessenkonflikten zwischen Eigenkapital- und Fremdkapitalgebern.

Dank der Verwendung eines realoptionsbasierten *Investment-Timing*-Modellrahmens konnte in beiden Fällen nicht nur das *Underinvestment*-Problem, sondern auch das *Overinvestment*-Problem herausgearbeitet werden. Letzteres wird im *Investment-Timing*-Kontext als frühere Investition durch Wahl einer niedrigeren Investitionsschwelle als im Referenzfall erfasst. In statischen

Ansätzen kann dagegen meist nur ein geringeres Investitionsvolumen als einzige mögliche Folge von Friktionen abgebildet werden.

Obwohl die Ergebnisse der beiden Fälle, also der Friktionen Informationsasymmetrie und Interessenkonflikte, aufgrund unterschiedlicher Modellierung und Parametrisierung nur qualitativ vergleichbar sind, so sind doch gemeinsame Implikationen feststellbar:

- Unternehmen mit hohem Bestand an liquiden Mitteln neigen zum *Overinvestment*-Problem. Dies kann entweder auf das *Risk-Shifting*-Problem zurückgeführt werden, wenn es einen Interessenkonflikt zwischen Eigenkapital- und Fremdkapitalgebern gibt, oder auf die Berücksichtigung zukünftiger Finanzierungskosten, wenn das Unternehmen finanzierungsbeschränkt ist.
- Bei Unternehmen mit niedrigem Bestand an liquiden Mitteln dagegen herrscht das *Underinvestment*-Problem vor. Im Kontext von Interessenkonflikten lässt sich dies dadurch erklären, dass die Eigenkapitalgeber den bestehenden Fremdkapitalgebern keinen Vorteil durch Zuschießen des zur Investition fehlenden Betrages gewähren wollen. Wenn das Unternehmen dagegen finanzierungsbeschränkt ist, liegt die Erklärung in den aktuell sehr hohen Finanzierungskosten zur Aufbringung des fehlenden Betrages.

Insgesamt hat die vorliegende Arbeit aufgezeigt, dass die liquiden Mittel speziell auch im Bezug auf das *Investment-Timing* eine zentrale Größe in der Unternehmensfinanzierung darstellen, und dass sie gleichermaßen *Under-* und *Overinvestment* hervorrufen können. Es lassen sich folgende stilisierte Handlungsempfehlungen für Unternehmen ableiten:

- Wenn in der Zukunft starke Finanzierungsbeschränkungen drohen, entweder aufgrund geringerer liquider Mittel oder höherer Informationsasymmetrie, so kann es sinnvoll sein, Investitionen vorzuziehen oder sogar

Investitionen durchzuführen, die auf den ersten Blick unvorteilhaft scheinen, um auf diese Weise die aktuell günstigere Finanzierungssituation auszunutzen.

- Bei Kreditaufnahme sollte der Kreditvertrag einen Zielbestand an liquiden Mitteln festlegen. Dies bedeutet für die Eigenkapitalgeber im allgemeinen ebenfalls einen Zu- oder Abfluss an liquiden Mitteln. So können günstigere Konditionen erreicht werden, weil die Fremdkapitalgeber antizipieren, dass ihre Zinszahlungen sicherer werden und Interessenkonflikte über den optimalen Investitionszeitpunkt gelindert oder vermieden werden.

So wird mit dem zweiten Punkt der Kreis geschlossen zu dem in der Einleitung zitierten Chrysler/Kerkorian-Fall, in dem gerade ein Zielbestand an liquiden Mitteln vertraglich vereinbart wurde. Eine derartige Abmachung sollte also gemäß der Analyse in der vorliegenden Arbeit auch im Rahmen eines neuen Finanzierungsangebots beobachtet werden können.

Eine mögliche Erweiterung der vorliegenden Arbeit bestünde darin, die Betrachtung der beiden Friktionen Informationsasymmetrie und Interessenkonflikte in einem gemeinsamen Modellrahmen vorzunehmen. Speziell wäre hierzu eine fortlaufende Anpassung von Investitions-, Liquiditäts- und Kapitalstrukturentscheidungen zu berücksichtigen.

Das Problem solcher Ansätze ist, wie bereits zu Beginn angesprochen, dass sie eine Komplexität erreichen, bei der kaum noch eindeutige Aussagen getroffen werden können, und dass sich die einzelnen Effekte gegenseitig beeinflussen, so dass ein solcher gemeinsamer Modellrahmen als ganzes nur noch schwer überschaubar ist. Der in der vorliegenden Arbeit eingeschlagene Weg war daher, innerhalb zweier relativ gut nachvollziehbarer Modellierungen für die beiden Friktionen getrennt Implikationen abzuleiten, wobei jedoch die Zusammenführung dieser Implikationen nur qualitativ erfolgen konnte.

Literaturverzeichnis

Almeida, Heitor und Murillo Campello, 2007, Financial Constraints, Asset Tangibility, and Corporate Investment, *Review of Financial Studies* 20, 1429–60.

Altı, Aydoğan, 2003, How Sensitive Is Investment to Cash Flow When Financing Is Frictionless?, *Journal of Finance* 58, 707–22.

Barclay, Michael, Erwan Morellec und Clifford W. Smith, 2006, On the debt capacity of growth options, *Journal of Business* 79, 37–59.

Bates, Thomas W., 2005, Asset Sales, Investment Opportunities, and the Use of Proceeds, *Journal of Finance* 60, 105–35.

Billett, Matthew T., Tao Hsien Dolly King und David C. Mauer, 2007, Growth Opportunities and the Choice of Leverage, Debt Maturity, and Covenants, *Journal of Finance* 62, 697–730.

Black, Fischer und John C. Cox, 1976, Valuing Corporate Securities: Some Effects of Bond Indenture Provisions, *Journal of Finance* 31, 351–67.

Black, Fischer und Myron Scholes, 1973, The Pricing of Options and Corporate Liabilities, *Journal of Political Economy* 81, 637–54.

Boyle, Glenn W. und Graeme A. Guthrie, 2003, Investment, Uncertainty, and Liquidity, *Journal of Finance* 58, 2143–66.

Boyle, Glenn W. und Graeme A. Guthrie, 2006, Hedging the Value of Waiting, *Journal of Banking & Finance* 30, 1245–67.

Chesney, Marc und Rajna Gibson, 1999, The Investment Policy and the Pricing of Equity in a Levered Firm: A Reexamination of the Contingent Claims Valuation Approach, *European Journal of Finance* 5, 95–107.

Childs, Paul D., David C. Mauer und Steven H. Ott, 2005, Interactions of Corporate Financing and Investment Decisions: The Effects of Agency Conflicts, *Journal of Financial Economics* 76, 667–90.

Cleary, Sean, 1999, The Relationship between Firm Investment and Financial Status, *Journal of Finance* 53, 673–92.

Cleary, Sean, Paul Povel und Michael Raith, 2007, The U-Shaped Investment Curve: Theory and Evidence, *Journal of Financial and Quantitative Analysis* 42, 1–40.

Clementi, Gian Luca und Hugo Hopenhayn, 2006, A Theory of Financing Constraints and Firm Dynamics, *Quarterly Journal of Economics* 121, 229–65.

Copeland, Thomas E. und Vladimir Antikarov, 2001, *Real Options: A Practitioner's Guide*, Texere, New York.

Diamond, Douglas W., 1984, Financial Intermediation and Delegated Monitoring, *Review of Economic Studies* 51, 393–414.

Dixit, Avinash und Robert Pindyck, 1994, *Investment under Uncertainty*, Princeton University Press, Princeton.

Egami, Masahiko, Kian Esteghamat und Wenlong Weng, 2006, Corporate investment policy distortion and indirect cost of bankruptcy, Working Paper.

Ericsson, Jan und Joel Reneby, 1998, A framework for valuing corporate securities, *Applied Mathematical Finance* 5, 143–63.

Fan, Hua und Suresh M. Sundaresan, 2000, Debt Valuation, Renegotiation, and Optimal Dividend Policy, *Review of Financial Studies* 13, 1057–99.

Fazzari, Steven, R. Glenn Hubbard und Bruce Petersen, 1988, Financing Constraints and Corporate Investment, *Brookings Papers on Economic Activity* 1, 141–195.

Fischer, Edwin O., Robert Heinkel und Josef Zechner, 1989, Dynamic Capital Structure Choice: Theory and Tests, *Journal of Finance* 44, 19–40.

Froot, Kenneth A., David S. Scharfstein und Jeremy C. Stein, 1993, Risk Management: Coordinating Corporate Investment and Financing Policies, *Journal of Finance* 48, 1629–58.

Gale, Douglas und Martin Hellwig, 1985, Incentive-Compatible Debt Contracts: The One-Period Problem, *Review of Economic Studies* 52, 647–63.

Goldstein, Robert, Nengjiu Ju und Hayne Leland, 2001, An EBIT-Based Model of Dynamic Capital Structure, *Journal of Business* 74, 483–512.

Gomes, João F., 2001, Financing Investment, *American Economic Review* 91, 1263–85.

Hanke, Michael, 2003, *Credit Risk, Capital Structure, and the Pricing of Equity Options*, Springer, Wien.

Hartmann-Wendels, Thomas, Andreas Pfingsten und Martin Weber, 2007, *Bankbetriebslehre*, 4. Aufl., Springer, Heidelberg.

Hennessy, Christopher A. und Toni M. Whited, 2007, How Costly is External Financing? Evidence from a Structural Estimation, *Journal of Finance* 62, 1705–45.

Hirth, Stefan und Marliese Uhrig-Homburg, 2007a, Investment Timing and Endogenous Default, Working Paper, http://ssrn.com/abstract=885363.

Hirth, Stefan und Marliese Uhrig-Homburg, 2007b, Optimal Investment Timing When External Financing Is Costly, Working Paper, http://ssrn.com/abstract=676630.

Hoshi, Takeo, Anil Kashyap und David Scharfstein, 1991, Corporate Structure, Liquidity, and Investment: Evidence from Japanese Industrial Groups, *Quarterly Journal of Economics* 106, 33–60.

Jensen, Michael C., 1986, Agency Costs of Free Cash Flow, Corporate Finance, and Takeovers, *American Economic Review* 76, 323–329.

Jensen, Michael C. und William H. Meckling, 1976, Theory of the Firm: Managerial Behavior, Agency Costs, and Ownership Structure, *Journal of Financial Economics* 3, 305–60.

Kaplan, Steven und Luigi Zingales, 1997, Do Investment-Cash Flow Sensitivities Provide Useful Measures of Financing Constraints?, *Quarterly Journal of Economics* 112, 169–215.

Kaplan, Steven und Luigi Zingales, 2000, Investment-Cash Flow Sensitivities are not Valid Measures of Financing Constraints, *Quarterly Journal of Economics* 115, 707–12.

Keynes, John Maynard, 1936, *The General Theory of Employment, Interest and Money*, Macmillan, London.

Leland, Hayne E., 1994, Corporate Debt Value, Bond Covenants, and Optimal Capital Structure, *Journal of Finance* 49, 1213–52.

Leland, Hayne E., 1998, Agency Costs, Risk Management, and Capital Structure, *Journal of Finance* 53, 1213–43.

Lyandres, Evgeny, 2005, The Effects of Financial Constraints on Investment Timing, Working Paper.

Lyandres, Evgeny, 2007, Costly External Financing, Investment Timing, and Investment-Cash Flow Sensitivity, *Journal of Corporate Finance* 13, 959–80.

Lyandres, Evgeny und Alexei Zhdanov, 2005, Underinvestment or Overinvestment: The Effects of Financial Leverage on Investment, Working Paper.

Mao, Connie X., 2003, Interaction of Debt Agency Problems and Optimal Capital Structure: Theory and Evidence, *Journal of Financial and Quantitative Analysis* 38, 399–423.

Mauer, David C. und Steven H. Ott, 2000, Agency Costs, Underinvestment, and Optimal Capital Structure: The Effect of Growth Options to Expand, in Michael J. Brennan und Lenos Trigeorgis, Hrsg.: *Project Flexibility, Agency, and Competition: New Developments in the Theory and Application of Real Options*, Oxford University Press, Oxford.

Mauer, David C. und Sudipto Sarkar, 2005, Real Options, Agency Conflicts, and Optimal Capital Structure, *Journal of Banking & Finance* 29, 1405–28.

Mauer, David C. und Alexander J. Triantis, 1994, Interactions of Corporate Financing and Investment Decisions: A Dynamic Framework, *Journal of Finance* 49, 1253–77.

McDonald, Robert und Daniel Siegel, 1986, The Value of Waiting to Invest, *Quarterly Journal of Economics* 101, 707–27.

Mello, Antonio S. und John E. Parsons, 1992, Measuring the Agency Cost of Debt, *Journal of Finance* 47, 1887–1904.

Mello, Antonio S. und John E. Parsons, 2000, Hedging and Liquidity, *Review of Financial Studies* 13, 127–53.

Merton, Robert C., 1974, On the Pricing of Corporate Debt: The Risk Structure of Interest Rates, *Journal of Finance* 29, 449–71.

Modigliani, Franco und Merton H. Miller, 1958, The Cost of Capital, Corporation Finance, and the Theory of Investment, *American Economic Review* 48, 261–297.

Morellec, Erwan, 2001, Asset Liquidity, capital structure, and secured debt, *Journal Of Financial Economics* 61, 173–206.

Morellec, Erwan und Clifford W. Smith, 2007, Agency Conflicts and Risk Management, *Review of Finance* 11, 1–22.

Moyen, Nathalie, 2004, Investment-Cash Flow Sensitivities: Constrained versus Unconstrained Firms, *Journal of Finance* 59, 2061–92.

Moyen, Nathalie, 2007, How Big Is the Debt Overhang Problem?, *Journal of Economic Dynamics and Control* 31, 433–72.

Myers, Stewart C., 1977, Determinants of Corporate Borrowing, *Journal of Financial Economics* 5, 147–75.

Myers, Stewart C. und Nicholas S. Majluf, 1984, Corporate Financing and Investment Decisions When Firms Have Information that Investors Do not Have, *Journal of Financial Economics* 13, 187–221.

Nippel, Peter, 1996, Die Finanzierung von Realoptionen unter Informationsasymmetrie, *Kredit und Kapital* 29, 123–52.

Opler, Tim, Lee Pinkowitz, René Stulz und Rohan Williamson, 1999, The determinants and implications of corporate cash holdings, *Journal of Financial Economics* 52, 3–46.

Parrino, Robert und Michael S. Weisbach, 1999, Measuring investment distortions arising from stockholder-bondholder conflicts, *Journal of Financial Economics* 53, 3–42.

Pindyck, Robert S., 1988, Irreversible Investment, Capacity Choice, and the Value of the Firm, *American Economic Review* 78, 969–85.

Press, William H., 2002, *Numerical recipes in C++: the art of scientific computing*, 2. Aufl., Cambridge University Press, Cambridge.

Reimund, Carsten, 2003, *Liquiditätshaltung und Unternehmenswert*, Deutscher Universitäts-Verlag, Wiesbaden.

Smit, Han T. J. und Lenos Trigeorgis, 2004, *Strategic Investment: Real Options and Games*, Princeton University Press, Princeton.

Titman, Sheridan, Stathis Tompaidis und Sergey Tsyplakov, 2004, Market Imperfections, Investment Flexibility, and Default Spreads, *Journal of Finance* 59, 165–205.

Titman, Sheridan und Sergey Tsyplakov, 2007, A Dynamic Model of Optimal Capital Structure, *Review of Finance* 11, 401–51.

Uhrig-Homburg, Marliese, 2001, *Fremdkapitalkosten, Bonitätsrisiken und optimale Kapitalstruktur*, Gabler Verlag, Wiesbaden.

Uhrig-Homburg, Marliese, 2002, Valuation of Defaultable Claims – A Survey, *Schmalenbach Business Review* 54, 24–57.

Uhrig-Homburg, Marliese, 2005, Cash-Flow Shortage as an Endogenous Bankruptcy Reason, *Journal of Banking & Finance* 29, 1509–34.

Viswanatha, Marc, 2005, Die Modellierung der Investitionsentscheidung einer finanzierungsbeschränkten Unternehmung, Diplomarbeit, Lehrstuhl für Financial Engineering und Derivate, Universität Karlsruhe (TH).

Whited, Toni M., 2006, External Finance Constraints and the Intertemporal Pattern of Intermittent Investment, *Journal of Financial Economics* 81, 467–502.

Wohlschiess, Volker, 1996, *Unternehmensfinanzierung bei asymmetrischer Informationsverteilung*, Gabler Verlag, Wiesbaden.

Anhang A

A.1 Ableitung der Differentialgleichung (2.2)

Zur Ableitung von (2.2) wird benötigt, dass der Projektwert V einer Geometrisch-Brownschen Bewegung gemäß (2.1) folgt, also

$$dV = (\mu - \delta)V dt + \sigma V dW.$$

Nach Itos Lemma folgt der Wert eines Derivats $F(V)$ auf diesen Projektwert dann

$$dF = F_V[(\mu - \delta)V dt + \sigma V dW] + \frac{1}{2}F_{VV}\sigma^2 V^2 dt.$$

Nun wird folgende selbstfinanzierende Portefeuillestrategie gewählt: Ein Portefeuille mit Gesamtwert Π bestehe aus einem Anteil Δ am Projekt V sowie dem Derivat F als *Short*-Position. Der Wert des Portefeuilles ist also

$$\Pi = \Delta V - F,$$

und seine Wertänderung

$$\begin{aligned} d\Pi &= \Delta dV - dF \\ &= \Delta[(\mu - \delta)V dt + \sigma V dW] - F_V[(\mu - \delta)V dt + \sigma V dW] - \frac{1}{2}F_{VV}\sigma^2 V^2 dt. \end{aligned}$$

Neben dieser Wertänderung erhält der Besitzer des Portefeuilles noch den *Cash-Flow*-Strom δ aus diesem Anteil des Projektwerts, genauer also $\Delta\delta V dt$.

Um ein lokal risikoloses Portefeuille zu erhalten, ist Δ so zu wählen, dass in der Wertänderung der Koeffizient vor dW zu Null wird, also $\Delta = F_V$.

Dadurch ergibt sich

$$d\Pi = -\frac{1}{2} F_{VV} \sigma^2 V^2 dt.$$

Da diese Wertänderung lokal risikolos ist, muss sie zusammen mit dem *Cash-Flow*-Strom $\Delta\delta V dt = F_V \delta V dt$ gerade der Wertänderung $r\Pi dt$ bei einer risikolosen Anlage des Portefeuillewerts Π entsprechen, also

$$d\Pi + F_V \delta V dt = -\frac{1}{2} F_{VV} \sigma^2 V^2 dt + F_V \delta V dt \overset{!}{=} r\Pi dt = r(F_V V - F) dt.$$

Umstellen führt gerade zu (2.2), also

$$\frac{1}{2}\sigma^2 V^2 F_{VV} + (r - \delta) V F_V = rF.$$

Diese Differentialgleichung gilt für jedes Derivat $F(V)$ auf den Projektwert V, welches keine explizite Zeitabhängigkeit besitzt und keine zwischenzeitlichen Zahlungen leistet. Spezifisch für $F^e(V)$ sind nur dessen Randbedingungen, die in Abschnitt A.2 bei der Lösung der Differentialgleichung benötigt werden.

A.2 Lösung der Differentialgleichung (2.2)

Die allgemeine Lösung einer Differentialgleichung der Form

$$c_1 V^2 F_{VV} + c_2 V F_V + c_3 F = c_4 V + c_5 \tag{A.1}$$

lautet

$$F(V) = k_1 V^{\lambda_1} + k_2 V^{\lambda_2} + \frac{c_4 V}{c_2 + c_3} + \frac{c_5}{c_3} \tag{A.2}$$

mit

$$\lambda_{1/2} = \frac{c_1 - c_2 \pm \sqrt{(c_1 - c_2)^2 - 4c_1c_3}}{2c_1}. \tag{A.3}$$

Um (2.2) zu erhalten, also

$$\frac{1}{2}\sigma^2 V^2 F^e_{VV} + (r - \delta)VF^e_V = rF^e,$$

müssen die Konstanten in (A.1) als

$$c_1 = \frac{1}{2}\sigma^2, \quad c_2 = r - \delta, \quad c_3 = -r \quad \text{und} \quad c_4 = c_5 = 0,$$

gewählt werden, so dass der Lösungsansatz (A.2) sich reduziert zu

$$F(V) = k_1 V^{\lambda_1} + k_2 V^{\lambda_2} \tag{A.4}$$

und (A.3) zu

$$\lambda_{1/2} = \frac{1}{2} - \frac{r - \delta}{\sigma^2} \pm \sqrt{\frac{2r}{\sigma^2} + \left(\frac{1}{2} - \frac{r - \delta}{\sigma^2}\right)^2} \tag{A.5}$$

wird, wobei für r, δ, $\sigma^2 > 0$ die positive Wurzel $\lambda_1 > 1$ und die negative Wurzel $\lambda_2 < 0$ sind.

Aus der Randbedingung (2.3) folgt, dass $k_2 = 0$ sein muss. Andernfalls wäre nicht möglich, dass $F(V) \to 0$ für $V \to 0$.

(A.4) reduziert sich also weiter zu

$$F(V) = k_1 V^{\lambda_1},$$

und k_1 ergibt sich mit (2.4) zu

$$k_1 = \frac{V_I - I}{(V_I)^{\lambda_1}},$$

womit die Lösung (2.5) erreicht ist.

A.3 Ableitung des Projektwerts V^*

In diesem Abschnitt wird der Projektwert mit maximalem absoluten Wertverlust AL durch *Underinvestment* abgeleitet.

Für $V_I^e \leq V \leq V_I^{sub,2}$ wird (2.10) zu:

$$AL = F^e(V; V_I^e) - F^e(V; V_I^{sub,2}) = V - I - F^e(V; V_I^{sub,2})$$

$$= V - I - (V_I^{sub,2} - I) \cdot \left(\frac{V}{V_I^{sub,2}}\right)^{\lambda_1}$$

Das nach V abgeleitet ergibt

$$1 - \lambda_1 (V_I^{sub,2} - I) \frac{V^{\lambda_1 - 1}}{(V_I^{sub,2})^{\lambda_1}} \stackrel{!}{=} 0$$

$$\Rightarrow V^* = V_I^{sub,2} \cdot \sqrt[\lambda_1 - 1]{\frac{V_I^{sub,2}}{\lambda_1 (V_I^{sub,2} - I)}}$$

Mit $V_I^{sub,2} = kV_I^e$ $(k > 1)$ gilt:

$$V^* = V_I^{sub,2} \cdot \sqrt[\lambda_1 - 1]{\frac{V_I^{sub,2}}{\lambda_1 (V_I^{sub,2} - I)}} = V_I^e \cdot \sqrt[\lambda_1 - 1]{\frac{k^{\lambda_1} V_I^e}{\lambda_1 (kV_I^e - I)}}$$

Mit (2.8), d.h. $\lambda_1 I = (\lambda_1 - 1) V_I^e$, ergibt sich (2.12):

$$V^* = V_I^e \cdot \sqrt[\lambda_1 - 1]{\frac{k^{\lambda_1}}{\lambda_1 k - (\lambda_1 - 1)}}.$$

A.4 Nachweis, dass $V_I^e < V^* < V_I^{sub,2}$

Für V^* gilt $V_I^e \leq V^* \leq V_I^{sub,2}$:

- Für $V \geq V_I^{sub,2}$ wird in beiden Fällen sofort investiert, der AL ist also stets Null, was offensichtlich nicht das Maximum ist.
- Für $V \leq V_I^e$ wird in beiden Fällen gewartet, und der AL beträgt

$$AL = (V_I^e - I) \cdot \left(\frac{V}{V_I^e}\right)^{\lambda_1} - (V_I^{sub,2} - I) \cdot \left(\frac{V}{V_I^{sub,2}}\right)^{\lambda_1}$$

$$= V^{\lambda_1} \cdot \left[\frac{V_I^e - I}{(V_I^e)^{\lambda_1}} - \frac{V_I^{sub,2} - I}{(V_I^{sub,2})^{\lambda_1}}\right]$$

und

$$\frac{dAL}{dV} = \lambda_1 V^{\lambda_1 - 1} \cdot \left[\frac{V_I^e - I}{(V_I^e)^{\lambda_1}} - \frac{V_I^{sub,2} - I}{(V_I^{sub,2})^{\lambda_1}}\right] > 0.$$

Somit ergäbe sich für diesen Bereich $V^* = V_I^e$ als Maximalstelle.

Es steht also nur noch der Nachweis aus, dass V^* eine innere Lösung ist, also dass für $V_I^{sub,2} = kV_I^e$ mit $k > 1$ gilt, dass $V^* < kV_I^e$ und $V_I^e < V^*$ ist.

- Rechte Seite ($V^* < kV_I^e$):

$$V^* = V_I^e \cdot \sqrt[\lambda_1 - 1]{\frac{k^{\lambda_1}}{\lambda_1 k - (\lambda_1 - 1)}} = kV_I^e \cdot \sqrt[\lambda_1 - 1]{\frac{k}{\lambda_1 k - (\lambda_1 - 1)}} < kV_I^e$$

$$\Leftrightarrow \sqrt[\lambda_1 - 1]{\frac{k}{\lambda_1 k - (\lambda_1 - 1)}} < 1$$

$$\Leftrightarrow \frac{k}{\lambda_1 k - (\lambda_1 - 1)} < 1$$

$$\Leftrightarrow \frac{k}{1 + \lambda_1 (k - 1)} < 1$$

(der Nenner ist positiv, da $\lambda_1, k > 1$)

$$\Leftrightarrow k < 1 + \lambda_1 (k - 1)$$

$$\Leftrightarrow (1-\lambda)k < 1-\lambda$$

$/(1-\lambda) < 0$

$$\Leftrightarrow k > 1$$

qed. (genau dann, wenn $k > 1$, ist $V^* < kV_I^e$)

Es gibt auch einen kürzeren Weg, das zu zeigen: Für $V = kV_I^e$ ist wie oben argumentiert $AL = 0$, was nicht das Maximum sein kann.

- Linke Seite ($V_I^e < V^*$):

$$V_I^e < V^* = V_I^e \cdot \sqrt[\lambda_1-1]{\frac{k^{\lambda_1}}{\lambda_1 k - (\lambda_1 - 1)}}$$

$$\Leftrightarrow \frac{k^{\lambda_1}}{\lambda_1 k - (\lambda_1 - 1)} > 1$$

(der Nenner ist positiv, s.o.)

$$\Leftrightarrow k^{\lambda_1} > \lambda_1 k - (\lambda_1 - 1)$$

$$\Leftrightarrow k^{\lambda_1} - \lambda_1 k + \lambda_1 - 1 > 0 \quad (*)$$

Um zu zeigen, dass (*) stets positiv $\forall k > 1$:

Zeige zunächst, dass Ableitung von (*) nach k stets positiv ist $\forall k > 1$; für $k = 1$ ist (*)=0, somit ist auch (*) selbst stets positiv $\forall k > 1$.

$$\frac{d(k^{\lambda_1} - \lambda_1 k + \lambda_1 - 1)}{dk} = \lambda_1 k^{\lambda_1 - 1} - \lambda_1 = \underbrace{\lambda_1}_{>1} \underbrace{(k^{\lambda_1 - 1} - 1)}_{>0,\text{ da } \lambda_1 > 1} > 0$$

qed.

Anmerkung: Für $\lambda_1 = 2$ (numerisches Beispiel in Kapitel 2) vereinfacht sich (*) sogar zu

$$k^{\lambda_1} - \lambda_1 k + \lambda_1 - 1 = k^2 - 2k + 1 = (k-1)^2 > 0$$

Die Beziehung $V_I^e < V^* < kV_I^e$ gilt also für alle $k, \lambda_1 > 1$.

A.5 Ableitung der Monotonie des relativen Wertverlusts

Der relative Wertverlust ist gemäß (2.11) definiert als

$$RL = 1 - \frac{F^e(V; V_I^{sub,i})}{F^e(V; V_I^e)},$$

wobei gemäß (2.5) gilt, dass

$$F^e(V; V_I) = \begin{cases} (V_I - I) \cdot \left(\frac{V}{V_I}\right)^{\lambda_1} & \text{wenn } 0 \leq V < V_I \\ V - I & \text{wenn } V \geq V_I. \end{cases}$$

Es müssen zwei Fälle unterschieden werden:

- 1. Fall: $i = 1$, betrachte *Overinvestment* mit $V_I^{sub,1} < V_I^e$.

  Dabei ist $V_I^{sub,1} < V < V_I^e$, es wird also im suboptimalen Fall vorzeitig investiert und im optimalen Fall gewartet.

  Der RL (2.11) wird dann zu

  $$RL = 1 - \frac{V - I}{F^e(V; V_I^e)}$$

  und die Ableitung lautet

  $$\frac{d(1 - \frac{V-I}{F^e(V;V_I^e)})}{dV} = \frac{\lambda_1(\frac{(\lambda_1-1)V}{\lambda_1 I})^{1-\lambda_1}((\lambda_1 - 1)V - \lambda_1 I)}{V^2}.$$

  Der Nenner ist positiv ($V > 0$), der erste Faktor des Zählers, $\lambda_1(\frac{(\lambda_1-1)V}{\lambda_1 I})^{1-\lambda_1}$, ebenfalls ($\lambda_1 > 1$, $I > 0$).

Zum zweiten Faktor des Zählers, $((\lambda_1 - 1)V - \lambda_1 I)$:

Gemäß Annahme ist $V < V_I^e = \frac{\lambda_1}{\lambda_1 - 1} \cdot I$, wobei V_I^e aus (2.8) stammt.

Also ist

$$\underbrace{(\lambda_1 - 1)}_{>0} V - \lambda_1 I < (\lambda_1 - 1) \cdot \frac{\lambda_1}{\lambda_1 - 1} \cdot I - \lambda_1 I = 0,$$

d.h. der betrachtete Bruch (die Ableitung des relativen Wertverlusts nach V) ist stets negativ, der relative Wertverlust also streng monoton fallend in V,

qed.

- 2. Fall: $i = 2$, betrachte *Underinvestment* mit $V_I^e < V_I^{sub,2}$.

Dabei ist $V_I^e < V < V_I^{sub,2}$, es wird also im suboptimalen Fall zu lange gewartet, während im optimalen Fall bereits investiert wird.

(2.11) wird dann zu

$$RL = 1 - \frac{F^e(V; V_I^{sub,2})}{V - I}$$

und die Ableitung lautet

$$\frac{d(1 - \frac{F^e(V; V_I^{sub,2})}{V-I})}{dV} = -\frac{(V_I^{sub,2} - I)(\frac{V}{V_I^{sub,2}})^{\lambda_1}((\lambda_1 - 1)V - \lambda_1 I)}{(V - I)^2 V}.$$

Der Nenner ist positiv ($V > V_I^e > I > 0$), der erste Faktor des Zählers, $(V_I^{sub,2} - I)(\frac{V}{V_I^{sub,2}})^{\lambda_1}$, ebenfalls ($V_I^{sub,2} > V > V_I^e > I$).

Zum zweiten Faktor des Zählers, $((\lambda_1 - 1)V - \lambda_1 I)$:

Gemäß Annahme ist $V > V_I^e = \frac{\lambda_1}{\lambda_1 - 1} \cdot I$.

Also ist

$$\underbrace{(\lambda_1 - 1)}_{>0} V - \lambda_1 I > (\lambda_1 - 1) \cdot \frac{\lambda_1}{\lambda_1 - 1} \cdot I - \lambda_1 I = 0,$$

d.h. der betrachtete Bruch (die Ableitung des relativen Wertverlusts nach V) ist stets negativ, der relative Wertverlust also streng monoton fallend in V,

qed.

Insgesamt ist also der relative Wertverlust, wenn sich genau eine der beiden Investitionsstrategien im Ausübungsbereich befindet, stets streng monoton fallend in V.

A.6 Referenzfall: Now-or-Never-Investition

Für den Referenzfall der statischen *Now-or-Never*-Investition bei Finanzierungsbeschränkungen gelte weiterhin der Modellrahmen aus Kapitel 3. Zur Ableitung der Investitionsschwelle im Fall der *Now-or-Never*-Investitionsentscheidung genügt es zu untersuchen, wann bei Investition genau ein Kapitalwert von Null erreicht wird. Schließlich hat das Unternehmen nicht die Möglichkeit, die Investition zu verschieben, deshalb wird es sie immer dann umsetzen, wenn es sich dadurch besser stellen kann als durch das Verfallenlassen der Investitionsoption.

Es sind drei Bereiche zu unterscheiden: Erstens, falls $X \geq I$, d.h. $\Delta \leq 0$, so kann die Investition vollständig aus internen Mitteln umgesetzt werden. Dies ist immer dann vorteilhaft, wenn $V \geq I$. Die *Now-or-Never*-Investitionsschwelle passt hier also zu der klassischen statischen Kapitalwertregel in einer vollkommenen Welt, sie lautet[1]

$$\bar{V}_I^e = I.$$

Dieser Bereich der liquiden Mittel wurde in Kapitel 3 nicht betrachtet, da hier **keine** Finanzierungsbeschränkungen vorliegen. Dabei ist zu betonen, dass nur im statischen *Now-Or-Never*-Kontext aus $\Delta \leq 0$ folgt, dass tatsächlich keine Finanzierungsbeschränkungen vorliegen. Im dynamischen Modell (vgl. Kapitel 4) kann die Entscheidung des Unternehmens dagegen trotzdem noch durch zukünftige Beschränkungen beeinflusst werden.

Zweitens, falls $X < I - \alpha V$, d.h. $\Delta > \alpha V$ bzw. $\omega > 100\%$, so ist keine Investition möglich. In diesem Bereich greift die Mengenbeschränkung (3.5), die liquiden Mittel verbleiben im Unternehmen. Die resultierende Untergrenze für die Investitionsschwelle kann daher als

$$\bar{V}_I^{cm}(X) = \frac{I - X}{\alpha} = \frac{\Delta}{\alpha}$$

angegeben werden.[2]

Drittens, wenn $I - \alpha V \leq X < I$, d.h. $0 < \Delta \leq \alpha V$ bzw. $0 < \omega \leq 100\%$, so muss zur Finanzierung der Investition das unterbewertete Projekt herangezogen werden. Dieser Fall ist der in Kapitel 3 ausführlich diskutierte. Es entstehen Finanzierungskosten in Form von Fremd- bzw. Eigenkapital-Emissionskosten *DIC* bzw. *EIC*. Diese seien über die verallgemeinerte Emissionskosten-Funktion *IC* gemäß (3.19) erfasst. Die Investition ist genau dann vorteilhaft, wenn

$$V \overset{!}{>} I + IC_k(\Delta, V, \alpha).$$

[1] Der Querstrich auf $\bar{V}_I$ kennzeichnet den *Now-or-Never*-Fall im Gegensatz zum *Investment-Timing*-Fall.

[2] Das Superskript *cm* (für *constrained, minimum*) kennzeichnet also die Untergrenze für die Investitionsschwelle eines finanzierungsbeschränkten Unternehmens.

Eine allgemeine Lösung muss all diese drei Bereiche abdecken. Da $IC(\cdot) = 0$ für $\Delta \leq 0$, resultiert in diesem Bereich die *Now-or-Never*-Investitionsschwelle in einer vollkommenen Welt. So muss nur noch die Mengenbeschränkung $\bar{V}_I^{cm}(X)$ explizit mit aufgeführt werden. Für den Fall der Eigenkapitalemission ($k = 1$) lautet das Investitionskriterium, dass $V \overset{!}{>} I + EIC(\Delta)$. Es wird insgesamt also investiert, wenn der Projektwert V die Investitionsschwelle

$$\bar{V}_I^{ce}(X) = \max\{I + EIC(\Delta), \bar{V}_I^{cm}(X)\} \tag{A.6}$$

übersteigt.[3] Entsprechend ergibt sich die Investitionsschwelle $\bar{V}_I^{cd}(X)$ im Fall der Fremdkapitalemission[4] aus der Bedingung $V \overset{!}{>} I + DIC_k(\Delta, V)$. Da jedoch die Fremdkapital-Emissionskosten selbst eine Funktion von V sind, lässt sich $\bar{V}_I^{cd}(X)$ im allgemeinen nicht analog zu (A.6) explizit darstellen. Da die DIC monoton fallend in V sind, ist trotzdem sichergestellt, dass es für jedes feste X genau ein V mit $V = I + DIC(\Delta, V)$, also eine eindeutige Investitionsschwelle, gibt.

Für den Fall der Fremdkapitalemission mit $k = 2$ lässt sich sogar explizit nach der Investitionsschwelle auflösen: Die Durchführung der Investition ist vorteilhaft, wenn

$$V \overset{!}{>} I + \left(\frac{I - X}{\alpha V}\right)^2 (1 - \alpha)V.$$

Es ergibt sich dann für $k = 2$ die Investitionsschwelle

$$\bar{V}_I^{cd}(X) = \frac{I + \sqrt{I^2 + 4 \cdot \frac{1-\alpha}{\alpha^2} \cdot (I - X)^2}}{2},$$

wobei für $X < I$ stets $\sqrt{\cdot} > I$, also auch $V_I > I$ gilt. Im Randfall $X = I$ wird wie zu erwarten $\bar{V}_I^{cd}(X) = I$ erreicht.

Angenommen, es gäbe keine Finanzierungskosten, sondern lediglich die Men-

[3] Das Superskript *ce* (für *constrained, equity issuance*) kennzeichnet also die Investitionsschwelle eines finanzierungsbeschränkten Unternehmens bei Eigenkapitalemission.

[4] Diese sei gekennzeichnet durch das Superskript *cd* (für *constrained, debt issuance*).

genbeschränkung $\bar{V}_I^{cm}(X)$. Dann würde das Unternehmen immer dann investieren, wenn der Projektwert sowohl über dieser Schwelle, als auch über dem Investitionsbetrag I liegt. Die entsprechende Investitionsschwelle lautet also

$$\bar{V}_I^{cq}(X) = \max\{I, \bar{V}_I^{cm}(X)\}.$$

Ein solches rein mengenbeschränktes Unternehmen[5] liegt zwischen den im Zentrum des Interesses stehenden Unternehmen mit Finanzierungskosten und dem Unternehmen in der vollkommenen Welt. Es verhält sich nur anders als ein unbeschränktes Unternehmen, wenn es durch die exogene Mengenbeschränkung dazu gezwungen ist. Somit wird hier, im einfachen *Now-Or-Never*-Rahmen, schon deutlich, dass nur durch die Berücksichtigung von Finanzierungskosten eine endogene Entscheidung des Unternehmens gegen eine Investition mit positivem Kapitalwert auftreten kann. Diese Idee wird im *Investment-Timing*-Fall noch bedeutsamer werden: Dort wird freiwillige Verzögerung relativ zur vollkommenen Welt gleichfalls nur bei Finanzierungskosten stattfinden.

Abbildung A.1 zeigt die Investitionsschwellen für die Fälle $k = 1$, also Eigenkapital-Emissionskosten, und $k = 6$, den im folgenden gewählten Parameterwert für die Fremdkapital-Emissionskosten, der eine gute Annäherung an die in Kapitel 3 betrachtete Restlaufzeit $T = 5$ Jahre bietet. Die Investitionsschwellen spiegeln im wesentlichen den Verlauf der Kostenfunktionen wider, die in Abbildung 3.3 dargestellt sind. Für abnehmende liquide Mittel X steigen sie also ähnlich an wie die entsprechende Kostenfunktion für zunehmendes Δ. Es ist jedoch stets zu beachten, dass die Emissionskosten-Funktion für $k > 1$ selbst eine Funktion von V, also abhängig von der resultierenden Investitionsschwelle ist. Deshalb ergibt sich kein einfacher additiver Zusammenhang, wie analytisch für $k = 2$ gezeigt.

[5]Dieses sei gekennzeichnet durch das Superskript cq (für *quantity constrained*).

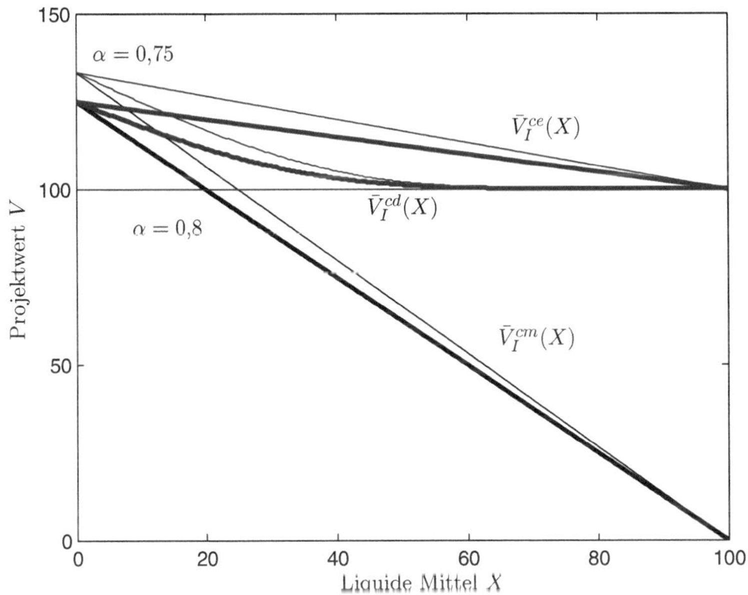

Abbildung A.1: Investitionsschwelle bei *Now-or-Never*-Investition.

Es sind die Verläufe der Investitionsschwellen $\bar{V}_I^{ci}(X)$ als Funktion der liquiden Mittel X gemäß der verallgemeinerten Emissionskosten-Funktion IC_k mit $k = 1$ ($\bar{V}_I^{ce}(X)$ für EIC) und $k = 6$ ($\bar{V}_I^{cd}(X)$ für DIC_k), sowie die Untergrenze $\bar{V}_I^{cm}(X)$ (diese entspricht $\omega = 100\%$) für die Investitionsschwelle, für unterschiedliche Grade von Marktfriktionen dargestellt, nämlich $\alpha = 0{,}75$ (dünn) und $\alpha = 0{,}8$ (dick). Die übrigen verwendeten Parameterwerte finden sich in Tabelle 3.3.

A.7 Ableitung der Differentialgleichung (4.5)

Zur Ableitung von (4.5) wird benötigt, dass der Projektwert V einer Geometrisch-Brownschen Bewegung gemäß (2.1) folgt, also

$$dV = (\mu - \delta)V dt + \sigma V dW.$$

Weiter entwickelt sich ein Portefeuille $H = X + G$, das neben den liquiden Mitteln X noch existierendes Anlagevermögen mit Wert G enthält, gemäß der Dynamik (4.1), also

$$dH = dX = rX dt + \nu G dt + \phi G dZ,$$

da das existierende Anlagevermögen im Zeitablauf konstant bleibt, also $dG = 0$ ist. Die Wertänderung dH wird dabei innerhalb des Portefeuilles H stets durch eine Wertänderung dX der liquiden Mittel abgebildet. Nach der verallgemeinerten Variante von Itos Lemma folgt der Wert eines Derivats $F(X, V)$ auf die beiden zugrundeliegenden stochastischen Variablen X und V dann

$$\begin{aligned} dF &= F_V[(\mu - \delta)V dt + \sigma V dW] + F_X[rX dt + \nu G dt + \phi G dZ] \\ &\quad + \frac{1}{2}F_{VV}\sigma^2 V^2 dt + \frac{1}{2}F_{XX}\phi^2 G^2 dt + F_{VX}\rho\sigma\phi V G dt. \end{aligned}$$

Nun wird folgende selbstfinanzierende Portefeuillestrategie gewählt: Ein Portefeuille mit Gesamtwert Π bestehe aus einem Anteil Δ_V am Projekt V, einem Anteil Δ_X am Portefeuille H, sowie dem Derivat F als *Short*-Position. Der Wert des Portefeuilles ist dann

$$\Pi = \Delta_V V + \Delta_X H - F,$$

und seine Wertänderung (mit $dH = dX$)

$$\begin{aligned} d\Pi &= \Delta_V dV + \Delta_X dX - dF \\ &= \Delta_V[(\mu-\delta)Vdt + \sigma VdW] + \Delta_X[rXdt + \nu Gdt + \phi GdZ] \\ &\quad -F_V[(\mu-\delta)Vdt + \sigma VdW] - F_X[rXdt + \nu Gdt + \phi GdZ] \\ &\quad -\frac{1}{2}F_{VV}\sigma^2V^2dt - \frac{1}{2}F_{XX}\phi^2G^2dt - F_{VX}\rho\sigma\phi VGdt. \end{aligned}$$

Neben dieser Wertänderung erhält der Besitzer des Portefeuilles noch den *Cash-Flow*-Strom δ aus diesem Anteil des Projektwerts, genauer also $\Delta_V\delta Vdt$.

Um ein lokal risikoloses Portefeuille zu erhalten, sind Δ_V und Δ_X so zu wählen, dass in der Wertänderung die Koeffizienten vor dW bzw. dZ zu Null werden, also $\Delta_V = F_V$ und $\Delta_X = F_X$.

Dadurch ergibt sich

$$d\Pi = -\frac{1}{2}F_{VV}\sigma^2V^2dt - \frac{1}{2}F_{XX}\phi^2G^2dt - F_{VX}\rho\sigma\phi VGdt. \tag{A.7}$$

Da diese Wertänderung lokal risikolos ist, muss sie zusammen mit dem *Cash-Flow*-Strom $\Delta_V\delta Vdt - F_V\delta Vdt$ gerade der Wertänderung bei einer risikolosen Anlage des Portefeuillewerts Π entsprechen, also

$$d\Pi + F_V\delta Vdt \stackrel{!}{=} r\Pi dt = r(F_VV + F_XH - F)dt.$$

Einsetzen von (A.7) und Umstellen führt gerade zu (4.5), also

$$\frac{1}{2}\sigma^2V^2F_{VV} + \rho\sigma\phi VGF_{VX} + \frac{1}{2}\phi^2G^2F_{XX} + (r-\delta)VF_V + r(X+G)F_X = rF.$$

Diese Differentialgleichung gilt für jedes Derivat $F(X,V)$ auf den Projektwert V und die liquiden Mittel X, welches keine explizite Zeitabhängigkeit besitzt und keine zwischenzeitlichen Zahlungen leistet. Um eine spezifische Lösung für $F^{ci}(X,V)$ zu erhalten, müssen dann die passenden Randbedingungen gemäß

Abschnitt 4.2 herangezogen werden. Die Lösung der Differentialgleichung ist hier allgemein jedoch nur numerisch möglich, z.B. mit dem im folgenden Abschnitt präsentierten Verfahren.

A.8 Numerische Lösung der Differentialgleichung (4.5)

Zur numerischen Lösung von (4.5) wird ein Finite-Differenzen-Verfahren verwendet, welches eine Erweiterung des von Boyle und Guthrie (2003, Appendix B) vorgestellten Verfahrens ist. Das Verfahren benötigt ein Gitter der Zustandsvariablen

$$\{(V_j, X_k), \quad j \in \{1, \ldots, J\}, \quad k \in \{1, \ldots, K\}\}.$$

Die Zwischenschritte sind äquidistant verteilt, und sie haben in V-Richtung die Länge ΔV und in X-Richtung die Länge ΔX.

Zur Initialisierung wird das Gitter der Investitionsoptionswerte $F_{j,k}$ folgendermaßen gefüllt: Wenn sich für das gegebene (j, k) das Unternehmen nicht unterhalb der Liquidationsgrenze (4.2) bewegt, also

$$X_k + G + F^e(\alpha V_j) > 0,$$

und außerdem die Mengenbeschränkung (4.4) nicht bindend ist, also

$$\frac{I - (X_k + G)}{\alpha V_j} \leq 100\%,$$

so wird $F_{j,k}$ mit dem Maximum aus dem Wert bei sofortiger Ausübung und dem Liquidationswert der Investitionsoption belegt, also

$$F_{j,k} = \max\{V_j - I - IC(I - (X_k + G), V_j, \alpha); F^e(\alpha V_j)\}$$

mit den verallgemeinerten Emissionskosten $IC(\cdot)$ gemäß (3.19).[6] Ansonsten, wenn also nicht investiert werden kann oder wenn liquidiert werden muss, so wird $F_{j,k}$ auf den Liquidationswert der Investitionsoption $F^e(\alpha V_j)$ gesetzt.

Die Ränder des Gitters werden belegt mit

$$\begin{aligned} F_{1,k} &= 0 \quad \forall k = 2, \ldots, K-1, \\ F_{J,k} &= F_{J-1,k} + (F_{J-1,k} - F_{J-2,k}) \quad \forall k = 2, \ldots, K-1, \\ F_{j,1} &= F^e(\alpha V_j) \quad \forall j = 1, \ldots, J \text{ und} \\ F_{j,K} &= F^e(V_j) \quad \forall j = 1, \ldots, J. \end{aligned}$$

Das hat folgende Bedeutung: Die erste Zeile entspricht (4.6) für $V_1 = 0$. Die zweite Zeile bewirkt an der Obergrenze V_J eine Extrapolation der Wertänderung beim vorletzten Gitterschritt in V-Richtung auf die Wertänderung beim letzten Gitterschritt, da es keine echte Obergrenze in V-Richtung gibt. In X-Richtung besagt die dritte Zeile, dass beim kleinstmöglichen X_1 auf jeden Fall liquidiert wird, also (4.7) gilt. Dies kann dadurch sichergestellt werden, dass bei Wahl von X_1 und V_J die Bedingung

$$X_1 + G + F^e(\alpha V_J) < 0$$

eingehalten wird, was in der verwendeten Parametrisierung erfüllt ist. Zuletzt wird in der vierten Zeile (4.8) umgesetzt, was für ausreichend großes X_K ebenfalls vertretbar ist.

Diese Ränder bleiben stets erhalten, die nachfolgende Berechnung wird also nur für $j = 2, \ldots, J-1$ und $k = 2, \ldots, K-1$ durchgeführt.

Nun wird im Hauptteil des Finite-Differenzen-Verfahrens das Gitter in zwei verschachtelten Schleifen für $j = 2, \ldots, J-1$ und $k = 2, \ldots, K-1$ durchlaufen. Dabei wird für jedes (j, k), sofern sich das Unternehmen nicht unterhalb der

[6] Hierbei wurde das Subskript k von $IC_k(\cdot)$ ausgespart, um eine Verwechslung mit dem im aktuellen Abschnitt verwendeten Gitterindex k zu vermeiden.

Liquidationsgrenze bewegt, ein neuer Investitionsoptionswert $F_{j,k}^{neu}$ gemäß der Diskretisierung von (4.5) als Differenzengleichung

$$\begin{aligned} F_{j,k}^{neu} &= -[a_j F_{j-1,k} + c_j F_{j+1,k} + d_k F_{j,k-1} + e_k F_{j,k+1} \\ &\quad + f_j(F_{j+1,k+1} + F_{j-1,k-1} - F_{j-1,k+1} - F_{j+1,k-1})]/b_j \end{aligned}$$

berechnet. Die verwendeten Konstanten sind

$$\begin{aligned} a_j &= \frac{\sigma^2 V_j^2}{2\Delta V^2} - \frac{(r-\delta)V_j}{2\Delta V} \quad \forall j = 2,\ldots,J-1 \\ b_j &= -\frac{\phi^2 G^2}{\Delta X^2} - \frac{\sigma^2 V_j^2}{\Delta V^2} - r \quad \forall j = 2,\ldots,J-1 \\ c_j &= \frac{\sigma^2 V_j^2}{2\Delta V^2} + \frac{(r-\delta)V_j}{2\Delta V} \quad \forall j = 2,\ldots,J-1 \\ d_k &= \frac{\phi^2 G^2}{2\Delta X^2} - \frac{r(X_k+G)}{2\Delta X} \quad \forall k = 2,\ldots,K-1 \\ e_k &= \frac{\phi^2 G^2}{2\Delta X^2} + \frac{r(X_k+G)}{2\Delta X} \quad \forall k = 2,\ldots,K-1 \\ f_j &= \frac{\rho\phi G\sigma V_j}{4\Delta X \Delta V} \quad \forall j = 2,\ldots,J-1 \end{aligned}$$

Zur schnelleren Konvergenz wird anschließend noch das *Successive-Overrelaxation*-Verfahren angewendet, d.h.

$$F_{j,k}^{sor} = F_{j,k} + w(F_{j,k}^{neu} - F_{j,k}).$$

Während für $w = 1$ genau der Wert $F_{j,k}^{neu}$ übernommen würde, bewegt sich durch Verwendung eines Faktors $w > 1$ der Investitionsoptionswert nach *Overrelaxation* noch über den aus dem Finite-Differenzen-Verfahren berechneten hinaus, und zwar proportional zu der daraus berechneten aktuellen Veränderung zum bisherigen Wert, wodurch eine schnellere Konvergenz erzielt wird.[7] Sofern $F_{j,k}^{sor} > F_{j,k}$, und damit $F_{j,k}^{sor}$ auch größer ist als der Wert bei sofortiger Ausübung, mit dem das Gitter anfangs belegt wurde, so wird der neue Wert

[7] Vgl. z.B. Press (2002, S. 868f.).

nach *Successive-Overrelaxation*, $F_{j,k}^{sor}$, endgültig in das Gitter übernommen.

Wenn die zwei verschachtelten Schleifen durchlaufen sind, wird als Konvergenzkriterium geprüft, ob die größte während dieses Durchlaufs in einem Gitterpunkt aufgetretene Veränderung betragsmäßig einen festen Wert übersteigt. Wenn ja, dann werden die zwei verschachtelten Schleifen erneut durchlaufen. Wenn nein, wird das erreichte Gitter als Lösung des Finite-Differenzen-Verfahrens angesehen.

Die gewählte Parametrisierung ist $J = 251$, $V_1 = 0$, $V_J = 350$ bzw. $K = 251$, $X_1 = -300$, $X_K = 200$. Die Schrittgrößen betragen also in V-Richtung $\Delta V = 1{,}4$ und in X-Richtung $\Delta X = 2$. Der verwendete *Overrelaxation*-Faktor beträgt $w = 1{,}5$. Die Schwelle für Konvergenz lautet $I/100000$.

A.9 Lösung der Differentialgleichung (5.4)

Da es sich bei (5.4) um dieselbe Gleichung wie (2.2) handelt, nur mit einem anderen Funktionsnamen, kann auch für die Lösung auf Abschnitt A.2 verwiesen werden: Der Lösungsansatz (A.4) kann übernommen werden als

$$\mathbf{B}_I(V; V_B, V_I) = k_1 V^{\lambda_1} + k_2 V^{\lambda_2},$$

und ebenfalls sind $\lambda_{1/2}$ gemäß (A.5) definiert. Jedoch müssen nun die neuen Randbedingungen $\mathbf{B}_I(V_B; V_B, V_I) = 0$ und $\mathbf{B}_I(V_I; V_B, V_I) = 1$ erfüllt werden. Diese ergeben für $V_B > 0$ und $V_B < V < V_I < \infty$ die Lösung

$$k_1 = \frac{(V_B)^{\lambda_2}}{(V_I)^{\lambda_1}(V_B)^{\lambda_2} - (V_I)^{\lambda_2}(V_B)^{\lambda_1}}, \quad k_2 = \frac{-(V_B)^{\lambda_1}}{(V_I)^{\lambda_1}(V_B)^{\lambda_2} - (V_I)^{\lambda_2}(V_B)^{\lambda_1}},$$

und somit insgesamt die in (5.5) angegebene Lösung

$$\mathbf{B}_I(V; V_B, V_I) = \frac{(V_B)^{\lambda_2} \cdot V^{\lambda_1} - (V_B)^{\lambda_1} \cdot V^{\lambda_2}}{(V_I)^{\lambda_1}(V_B)^{\lambda_2} - (V_I)^{\lambda_2}(V_B)^{\lambda_1}}.$$

Wenn $V_B = 0$ und $V < V_I < \infty$, muss jedoch wie in Abschnitt A.2 zur Erfüllung der Randbedingung bei $V = 0$ die zweite Konstante $k_2 = 0$ gewählt werden. In diesem Fall ist dann

$$k_1 = \left(\frac{1}{V_I}\right)^{\lambda_1} \text{ und } \mathbf{B}_I(V; 0, V_I) = \left(\frac{V}{V_I}\right)^{\lambda_1},$$

womit der zweite Fall der in (5.5) angegebenen Lösung erklärt ist.

Wenn schließlich $V_I = \infty$, so lässt sich die Randbedingung $\mathbf{B}_I(V_I; V_B, V_I) = 1$ nicht erfüllen – der Wert des Derivates beträgt stets Null, da es keine Zustände gibt, in denen Zahlungen stattfinden.

Für das zweite Basiswertpapier $\mathbf{B}_B(V; V_B, V_I)$ gilt wiederum dieselbe Differentialgleichung (5.4), jedoch die Randbedingungen $\mathbf{B}_B(V_B; V_B, V_I) = 1$ und $\mathbf{B}_B(V_I; V_B, V_I) = 0$.

Deshalb lauten auch die Konstanten für $V_I < \infty$ und $0 < V_B < V < V_I$ sehr ähnlich, sozusagen spiegelbildlich, nämlich

$$k_1 = \frac{-(V_I)^{\lambda_2}}{(V_I)^{\lambda_1}(V_B)^{\lambda_2} - (V_I)^{\lambda_2}(V_B)^{\lambda_1}}, \quad k_2 = \frac{(V_I)^{\lambda_1}}{(V_I)^{\lambda_1}(V_B)^{\lambda_2} - (V_I)^{\lambda_2}(V_B)^{\lambda_1}},$$

was wiederum die in (5.6) angegebene Lösung

$$\mathbf{B}_B(V; V_B, V_I) = \frac{(V_I)^{\lambda_1} \cdot V^{\lambda_2} - (V_I)^{\lambda_2} \cdot V^{\lambda_1}}{(V_I)^{\lambda_1}(V_B)^{\lambda_2} - (V_I)^{\lambda_2}(V_B)^{\lambda_1}}$$

ergibt.

Wenn $V_I = \infty$ und $0 < V_B < V$, muss entsprechend zur Erfüllung der Randbedingung bei $V = \infty$ die erste Konstante $k_1 = 0$ gewählt werden. In diesem Fall ist dann

$$k_2 = \left(\frac{1}{V_B}\right)^{\lambda_2} \text{ und } \mathbf{B}_B(V; V_B, \infty) = \left(\frac{V}{V_B}\right)^{\lambda_2}.$$

Wenn schließlich $V_B = 0$, so beträgt wiederum der Wert des Derivates stets

Null, da es keine Zustände gibt, in denen Zahlungen stattfinden, und sich die Randbedingung $\mathbf{B}_B(V_B; V_B, V_I) = 1$ nicht erfüllen lässt.

Beiträge zur betriebswirtschaftlichen Forschung

Herausgegeben von:

Prof. Dr. Dr. h.c. Sönke Albers, Kiel
Prof. Dr. Bernhard Pellens, Bochum
Prof. Dr. Dieter Sadowski, Trier
Prof. Dr. Martin Weber, Mannheim

Auswahl der erschienenen Bände:

Band 7 H. Albach
Wirtschaftlichkeitsrechnung bei unsicheren Erwartungen

Band 10 H. Hax
Vertikale Preisbindung in der Markenartikelindustrie

Band 14 D. Schneider
Die wirtschaftliche Nutzungsdauer von Anlagegütern

Band 40 B. Rudolph
Die Kreditwährungs-entscheidung der Banken

Band 43 A. Luhmer
Maschinelle Produktionsprozesse

Band 46 H. Simon
Preisstrategien für neue Produkte

Band 59 T. Hartmann-Wendels
Dividendenpolitik bei asymmetrischer Informationsverteilung

Band 61 R. Ewert
Rechnungslegung, Gläubigerschutz und Agencyprobleme

Band 65 W. Neus
Ökonomische Agency-Theorie und Kapitalgleichgewicht

Band 66 U. Backes-Gellner
Ökonomie der Hochschulforschung

Band 71 M. Steven
Produktion und Umweltschutz

Band 72 E. Terberger
Neo-institutionalistische Ansätze

Zeitfracht Medien GmbH
Ferdinand-Jühlke-Straße 7,
99095 - DE, Erfurt
produktsicherheit@zeitfracht.de